おとな かわいい

お花の切り紙
アイデアブック

監修・一般社団法人 日本ペーパーアート協会®

Contents

はじめに………4

Part.1 ペーパーデコレーションの基本

基本の道具………6

基本の材料………7

基本テクニック
　紙を切る、折る、貼る………8
　お花作りのポイント………9
　クイリングに挑戦………11

Q&A………14

Part.2 想い出に残るセレモニー

ジャンボフラワー………16

フラワーポンポン………18

マスキングテープでリボン飾り………20

フォトプロップス………22

Happy Day ♡ ガーランド………24

夢見るカップケーキカバー………26

チューリップのドーナツ型ボックス………28

Column「身近な画材・色鉛筆」………30

Part.3 エレガントなホームパーティ

スイートピーとチョコレートコスモスのプレイスマット………32

ダリアとバラで彩るナプキンリング………34

オリエンタルリリーのカトラリーケース………36

胡蝶蘭のポットアレンジメント………40

胡蝶蘭でテーブルフラワー………42

Part.4 特別な瞬間のアクセサリー

ラナンキュラスの花かんむり&リストレット………46
ウェディングブーケ………48
ヒマワリのブローチ………50
和装小物………52
クイリングアクセサリー………54
Column「作品を作る時、どのようにして色を選んでいますか?」………57
型紙で楽しむクラフト レジン&プラバン………58
和紙のかんざし………60

Part.5 世界に一つのインテリア&ステーショナリー

ダリアのHappyウォールデコレーション………62
梅と百日草のSweet Bigフレーム………64
和紙で作る百日草の壁飾り………66
ペーパーボールのハンギングデコレーション………68
お花のカーテンタッセル………70
夢が叶うブルーローズのフラワーリース………72
フラワークラフト&スクラップブッキング………76
クイリングでWelcomeボード………80
多肉植物&スウィーツ………82
ガーベラのフラワーペン………84
ペーパークラフトでOne Point………86

型紙………88

おわりに………95

はじめに

「わぁ～すてき～」「つくったの？？」「ありがとう～～～」
ハンドメイド作品を見たとき、贈ったとき、いただいたとき・・・
キュンキュンうれしくなって、素直に喜んだり驚いたり、時には涙したり・・・

　クラフトワーク（工芸作業）によるハンドメイド作品には自分自身も相手もポジティブになったり癒されたりする力がいっぱい詰まっています。昨今クラフト作家さんのハンドメイド作品が多くの方に求められるようになっている社会現象には大量生産でない自分自身の心や想いが溢れ表現されている作品でメンタルを穏やかになりたい求める側と作り手の双方による多くの方の気持ちが表れているのだと感じます。
　とはいっても特殊な素材や大型のものはプロの領域。日本ペーパーアート協会では、どこでも手に入れることができる安全な素材「紙」を活用して誰でも簡単におとなかわいいハンドメイド作品を作ることができるよう願い、講座展開させていただいております。

　1冊目の「おとなかわいいお花の切り紙スタイルブック」に続く本書は「アイデアブック」の名の通り型紙がなくても、少しのペーパーで作品つくりを楽しむことができる「ハートフルクイリング」。巻末に掲載されている型紙を使って「紙」の弱い部分を強化する方法。例えば水分や劣化に強い楽しみ方として和紙にレジン加工をして普段使いできる作品や型紙をプラバンに写して耐久性のあるアクセサリーに仕立ててみるお遊びも掲載させていただきました。

　ありがたいことに医療・介護・教育現場で「お花の切り紙」が活用されることがどんどん増えています。もっともっとたくさんの方にクラフトワークセラピー（工芸作業療法）が、毎日の生活の中に根付き、大切な想いを伝えるハンドメイド作品として気持ちや心を整理して癒され穏やかで笑顔あふれる毎日のヒントとして一人でも多くの方に触れていただけたらと思っています。

　「おとなかわいいお花の切り紙アイデアブック」今回は季節や行事に限らず年中使える作品を集めました。ぜひ、想い出の一場面にご活用ください。作成・応用等に悩まれることがございましたら協会所属のクラフトワークセラピスト®にお声かけください。

一般社団法人日本ペーパーアート協会®
代表理事　くりはらまみ

Part.1
ペーパーデコレーションの基本

基本の道具

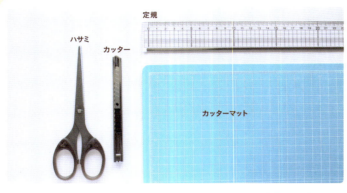

紙を切る道具

型紙や作品用の紙を切るには、ハサミを使います。お手持ちのハサミもお使いになれますが、クラフト用の先のとがったハサミがあると、細かい作業をするときに便利です。また、本書に掲載の不織布・薄葉紙を使ったお花を作る場合、まずはそれらを正方形や長方形に切らなければならないので、その場合はカッターとカッターマットを使います。不織布は幅60cmほどのロールで売られていることが多いので、カッターマットと定規は大きなものがあるとよいでしょう。

紙を貼る道具

基本的には木工用ボンドや紙用ボンド、糊があればたいていの作業はできますが、紙を貼ったときに凸凹を作りたくない場合はテープ糊や両面テープ、凹凸のあるものや木材、プラスチック、金属などに素早く貼る場合はグルーガンなど、用途によって使い分けましょう。木工用・紙用ボンドは、ノズルの部分が細く、乾くと透明になるものが便利です。

紙にカーブやエンボス、折り目をつける道具

本書では、紙にカーブをつけるために主に丸箸を使用していますが、細かい部分は目打ちの先や竹串を使用すると便利です。また、花びらや葉に脈をつけると、より本物らしくなります。脈は、エンボス用マットの上で、鉄筆や竹串などを使って筋をつけていきます。エンボス用マットがなければ、フェルトやマウスパッドの裏など、クッション性のあるもので代用できます。また、鉄筆は紙に折り目をつける際にも使用します。厚紙に折り目をしっかりつける際には、ヘラもあると便利です。

その他の道具

型紙を写すための鉛筆、スタンプを押して色を塗ったり花びらに陰影をつけるための色鉛筆、穴あけパンチやホチキス、クリップなどは、ご家庭にあるものをお使いになれます。また、簡単なクイリングには先のとがったピンセットもお使いになれますが、アクセサリーや細かい作品を作る場合には、クイリングツール（細長い紙を巻く道具）やクイリング用ホールガイド（巻いた紙の大きさを均一にするための道具）があるとよいでしょう。

※本書の中で使用する道具をできるだけ多くご紹介するよう努めてはおりますが、網羅はしておりませんので、作品を作る際には説明ページをご確認ください。

Part.1 ペーパーデコレーションの基本

基本の材料

紙

お花の切り紙は、ご家庭にある画用紙や折り紙などでお作りになれますが、慣れてきたら専門店の紙を使ってみるのもよいでしょう。紙にはいろいろな種類がありますが、おすすめは色数の多いタント紙です（写真右）。150ものカラーバリエーションがあり、厚さも様々。薄いタイプのものが折り紙としても売られています。また、和風の作品には和紙を取り入れるのも味わいが出て素敵です。スクラップブッキングをするなら柄のついたパターンペーパーを使うとよいでしょう。パターンペーパーはスクラップブッキング専門店や通信販売などで手に入ります。

不織布

フラワーポンポンやジャンボフラワーを作る際には、不織布や薄葉紙を使います。不織布は幅60cm以上のロールで売られていることが多く、薄葉紙も大判のものが多いので、いずれも大きな作品を作ることができます。また、不織布には様々な厚さのものがあるので、小さいお花には薄いもの、ジャンボフラワーのような大きなお花には厚いものなど、使い分けをするとよいでしょう。

クイリング用の紙

クイリングには細長い紙を使いますが、1本1本手で切るのは大変なので、3mmや6mmにあらかじめカットされた紙を使うと便利です。専門店のほか、オンラインショップでも購入することができます（日本ペーパーアート協会の公式ウェブサイトからもご購入いただけます。http://paper-art.jp）。

パールやリボンなど

お花の花芯にもなる半パールやラインストーン。糊で貼り付けるだけで華やかになるので、本書でも多用しています。また、リボンもよいアクセントになるので、お気に入りの色を揃えておくとよいでしょう。

※作品を作るための材料は上記以外にもございますので、それぞれの作品の説明ページをご確認ください。

基本テクニック

紙を切る、折る、貼る

🍀 紙に型紙を写して切る（型紙は本書のP.88〜P.94に掲載）

型紙はコピーして使用する。自宅のプリンターを使う場合は、厚手のコピー用紙かケント紙のような厚めの紙にコピーすると、繰り返し使うことができるので便利。

❶ 型紙をコピーして切る

それぞれの作り方のページに、使用する型紙のページ数が書いてあるので、必要なページをコピーして線のとおりに切る。

❷ 鉛筆で写す

型紙を作品用の紙に鉛筆で写す。色の濃い紙に写す場合は、白い色鉛筆などを使うとよい。

❸ 線のとおりに切る

線上、または線より少し内側を切る。少し慣れてきたら、紙を四つ折りや二つ折りにしてまとめて切ると作業効率がよい。

🍀 紙を折る

折りたい線にあらかじめ筋を入れておけば、簡単かつキレイに紙を折ることができる。

❶ 山折りにするほうを上に

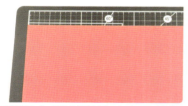

山折りにしたい面を上に向けて、カッターマットなどの上に置く。

❷ 筋をつける

まっすぐに折る場合は、折りたいところに定規をあて、鉄筆やヘラなどで筋をつける。カーブしている場合は、鉄筆などでなぞるように筋をつける。

❸ 折り目をしっかりつける

厚い紙の場合は、折ったまま上からヘラでなぞってしっかり折り目をつける。

🍀 紙を貼り合わせる

接着剤には様々な種類があるので、用途別に使い分けるとよい。

チューブタイプの接着剤

木工用や紙用の、乾くと透明になるタイプがベスト。ノズルが細いほうが使いやすい。

両面テープ、テープ糊

平面の紙を貼り合わせるなど、表面に凸凹ができないようにしたい場合に便利。

グルーガン

専用の器具でスティック状の樹脂を溶かし、接着剤としている。紙を貼るのはもちろん、木やプラスチックなど、糊ではつきにくいものに威力を発揮（高温に注意）。

Part.1 ペーパーデコレーションの基本

基本テクニック
お花作りのポイント

🍀 花びらにカーブをつける

花びらにカーブをつけるときは、丸箸や目打ち、またはそれと似た形状のものを使う。目打ちには細い部分と太い部分があるので、小さな花びらも大きな花びらもどちらも巻きやすいが、先がとがっているのでケガのないよう注意が必要。本書では初心者の方向けに丸箸を使って説明していく。

(外巻き)

❶ 花びらを立てる

花びらの付け根部分を折って、花びらを立てる。

❷ 付け根の外側に丸箸をあてる

花びらの付け根の外側に丸箸をあてる（親指と丸箸で紙をはさむ）。

❸ 円弧状に丸箸をすべらせる

花びらを軽くひっぱりながら、外側に円弧状に丸箸をすべらせる。その際、手首を回しながら巻いていくとよい。

(内巻き)

❶ 花びらを立てる

花びらの付け根部分を折って、花びらを立てる。

❷ 付け根の内側に丸箸をあてる

花びらの付け根の内側に丸箸をあてる（人差し指と丸箸で紙をはさむ）。

❸ 円弧状に丸箸をすべらせる

花びらを軽くひっぱりながら、内側に円弧状に丸箸をすべらせる。外巻きと同様、手首を回しながら巻いていく。

🍀 花びらに筋を入れる

花びらに筋を入れると、立体感が出るほか、形が崩れにくい。

(外巻き)

❶ 花びらをピンセットではさむ

花びらの付け根部分を折って花びらを立てたあと、花びらの中心線にピンセットの端がくるようにはさむ。

❷ 紙を折り曲げる

ピンセットと指を使って、紙を折り曲げる。

❸ 大きい花びらや葉の場合

大きい花びらや葉は、ピンセットを使って折り曲げたあと、先端を指でつまむと、折り筋がよりキレイにつく。

🍀 花びらや葉に脈のエンボス（浮き彫り）加工をする

お花や葉に脈を入れると、より本物らしさが増すのでおすすめ。エンボス用マットやフェルト、マウスパッドの裏などのクッション性のあるものを下に敷き、鉄筆（スタイラス）や竹串などで花脈、葉脈を描き入れる。

（花脈）❶ 花脈を入れる

細長い花びらにエンボスを入れる場合は、花びらの付け根から先端へ、数ミリ間隔で線を引いていく。

（葉脈）❶ 葉を中心線で折る

葉の中心線をピンセットで折って筋をつける。

❷ 葉脈を入れる

折った紙を広げ、鉄筆や竹串などで中心線から斜め外側に脈を描き入れる。

🍀 お花の貼り重ね方

2枚を貼り重ねる場合の例

1枚目の花びらの間に2枚目の花びらが互い違いに出るように貼る。

3枚を貼り重ねる場合の例

1枚目、2枚目、3枚目とも少しずつずらして貼り重ねる。

4枚を貼り重ねる場合の例

まずは2枚ずつ互い違いに貼り、そのあと2組をバランスよくずらして貼り重ねる。

🍀 不織布（薄葉紙）のお花の開き方

お花の形にはいくつか種類があるが、基本的な開き方は同じ。紙に切り込みを入れて先端を花びらの形にカットしたあと、蛇腹折りをしてワイヤーで留めてから、以下のように開いていく。

❶ 1枚目をすべて上に立たせる

1枚目を立たせて、真ん中のワイヤーを隠す。めくりにくい場合はウェットティッシュで手を湿らせるとよい。

❷ 1列2枚ずつ開いていく

2枚目からは、同じ列を2枚ずつ、1枚は左へ、1枚は右へひっぱるように立たせていく。

❸ 花芯がある場合

花芯があるタイプのジャンボフラワーを作るときは、真ん中を少しあけておく。

❹ 同じ方向に作業する

開き忘れ防止のために、同じ方向にグルグル回しながら開いていく。

❺ 最後の数枚は下方向へ

残り数枚になったら、下方向へ開いていくとより自然な感じになる。

❻ 重なりをなくす

花びらが重なっているところがないかチェックする。

Part.1 ペーパーデコレーションの基本

基本テクニック

クイリングに挑戦

🍀 クイリングパーツの作り方

　細長い紙をクルクル巻いてアイテムを作るペーパークイリングに挑戦してみよう。パーツの作り方をいくつかマスターすれば、それらを組み合わせて様々な作品ができる。また、フリンジやタイトサークルは、クイリング以外のお花の花芯としても使える。

タイトサークルと基本パーツ

❶ タイトサークルを作る

クイリングツール（以下ツール）の溝に3mm幅の紙を差し込み、端から巻く。

❷ 紙を巻く

紙の最後まで巻いていく。

❸ 端を糊付けする

巻き終わったらツールを抜いて端を糊で留める。

❹ タイトサークルが完成

タイトサークルが完成。

❺ 基本パーツを作る

❸で手を離して渦をゆるませてから糊をつける。

❻ 基本パーツが完成

基本パーツが完成。

ティアドロップ

❶ 基本パーツを変形させる

基本パーツの真ん中の渦を、端に寄せながら持ち替える。

❷ 片側をつまむ

そのままひとつまみする。

❸ ティアドロップが完成

ティアドロップが完成。

11

マーキーズ

❶ 基本パーツを用意

3mm幅の紙で基本パーツを作る。

❷ 変形させる

両手の人差し指と親指で一緒に両サイドをつまむ。

❸ マーキーズが完成

マーキーズが完成。

フリンジ

❶ 紙を細長く切る

市販の紙を5mm幅にカットする。

❷ 切り込みを入れる

根元を残してハサミで端から1mm程度の幅でカットしていく。短いほうの辺を半分に折り、輪のほうに切り込みを入れるとダブルフリンジになる。

❸ ツールに巻いていく

すべてカットしたら根本をツールに差し込み巻いていく。

❹ 端を糊付けする

巻き終わったらツールを抜いて端を糊で留める。

❺ ドーム状に開く

ドーム状になるように開いていく。

❻ フリンジ完成

フリンジが完成。

ハート

❶ 紙を折ってから巻く

紙を半分に折り、端から内側に向かって巻いていく。

❷ もう片方も巻く

半分の折り目

折り目近くまで片方が巻けたら、もう片方も内側に巻く。

❸ ハートが完成

ハートが完成。

Part.1 ペーパーデコレーションの基本

変形マーキーズ

❶ 紙を巻く

ツールの柄に紙を巻いていく。

❷ 端を糊で留める

巻き終わったら紙をツールから抜き、端を糊で留める。

❸ 輪をつまむ

輪を垂直につまむ。

❹ 形を整える

写真のように形を整える。

❺ 変形マーキーズが完成

変形マーキーズの完成。

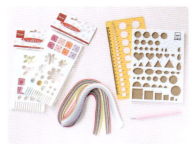

ペーパークイリング用の紙と道具。可愛くておしゃれな教材が、日本ペーパーアート協会のウェブサイトからも購入可能。http://paper-art.jp

---

一般社団法人 日本ペーパーアート協会®のインストラクター専門コースハートフルクイリング指導者養成講座 監修・指導の想い

ペーパークイリングとは

　ペーパークイリングとは細長い紙を道具を使って巻き、そのパーツをつまんで組み合わせる技法です。16世紀ヨーロッパが発祥と言われ、近年では日本でも女性を中心に人気上昇中のペーパークラフトです。

見ているだけでワクワクする可愛い教材でペーパークイリングを学んでみませんか?

　『早く作って飾りたい』『できあがったらあの人に見せたい』楽しく作って基礎がしっかり学べる教材を取り揃えています。昔、練習のためだと思い、作りたくない物ばかり作っていたときに、大好きだったペーパークイリングを嫌いになりかけたことがあります。そんな悲しい思いをあなたにもしてほしくなかったのです。

　キットや本では伝えきれないちょっとしたコツを動画で丁寧に伝えています。指導者養成講座ということで、私自身が経験したことを交え、講師として工夫したことなども散りばめながら楽しく学べる教材をめざしました。

　ハートフルクイリング指導者養成講座では、できあがった作品で生徒様とコミュニケーションが取れるのもとても楽しみなんです。あなたらしい作品があなた自身で作れるようになって、自信を持って講師活動ができるよう応援しています。

ペーパーアート作家　こじゃる

※講座詳細につきましては、一般社団法人 日本ペーパーアート協会®ウェブサイトでご紹介しています（http://paper-art.jp）。

Q&A

Q この本の中で使われているような紙はどこで買えますか？

A 画用紙、色画用紙などは、文房具店や画材店のほか、スーパーの文房具売り場や100円ショップなどでも売られています。また、基本の材料でもご紹介しているタント紙は、紙専門店や画材店で手に入るほか、オンラインショップでも売られています。

　折り紙の中にも使いやすいものがあります。タント紙は、薄めのものが折り紙としても売られていますし、水玉やストライプなどのシンプルな柄付きのもの、千代紙もあります。また、厚手の柄付きの紙は、スクラップブッキング用のものがクラフトショップなどで売られています。近くにクラフトショップがない場合は、オンラインショップを利用することもできます。

Q 紙に折り目を付けたら、変なしわが寄ってしまいました。紙をキレイに折るコツはありますか？

A 8ページの基本テクニック「紙を折る」でも説明していますが、特に厚い紙を折る場合は、折る前に筋をつけておくと折りやすく、キレイに折れます。

　また、紙には目があり（繊維の方向）、紙の目にそって折るとキレイに折れますが、紙の目に垂直に折ると、折り目にしわが寄ったり、折ったところが開いてきたりすることがあります。紙を破ると、まっすぐ破れる方向と、破れにくい方向がありますよね？まっすぐきれいに破れる方向が、紙の目にそった方向です。作品の中で大事な折り目になるところは、紙の目に沿うようにつけると作品の仕上りも違います。

Q 写真のようなきれいなお花ができません。何かコツはありますか？

A 紙の種類や厚さによって、立体にしたときのカーブのしかたや花びらの立ち上がり方に違いが出ることがあります。また、作る人によって力の加減も異なるでしょう。各作品の作り方とともに、P.9~10の「お花作りのポイント」も参考にして、何度も練習してみてください。1つのお花がきれいにできるようになると、他のお花にも応用できるようになります。

Q できあがった作品を飾って楽しみたいです。飾るときに何か注意することはありますか？

A 紙でできた作品には、湿気は大敵です。形が崩れたり、糊がはがれたりすることもありますから、お風呂場のような高温多湿のところに置くのは避けましょう。また、直射日光のあたるところに置くと、色褪せしやすくなるので気をつけましょう。もちろん、火を使うところの近くは危険ですから置かないでください。

　スプレー式のニスなどを吹きかけておくと、さらに保存性がよくなります。ただし、紙の質やスプレーニスによって、シミができたり変色したりすることがありますので、作品にスプレーする前に、余った紙などで試してから使ってください。また、ニスをかけることで紙の風合いが変わることがありますので、お好みに合わせて使ってください。

Q 作品を、お友達にプレゼントしたいのですが、郵送するときにお花がつぶれませんか？

A この本でご紹介している作り方で作ったお花は、きちんと成形して作れば、その形をかなり長い間しっかり保ってくれるのですが、力がかかると、紙ですので、お花がつぶれてしまうことはあります。郵送するときには、お花の周りに柔らかい紙をまるめたものや、プチプチなどの緩衝材になるものを入れ、しっかりした箱に入れて送られることをお勧めします。プラスチックのケースなどに入れて送ると、雨にぬれたりしても安心です。

Part.2
想い出に残るセレモニー

Part.2 想い出に残るセレモニー

🌼 ジャンボフラワーを作る（2種類）

材料
※ジャンボフラワー2個分
◎用紙
不織布（薄葉紙でもOK）
Ⓐ 50cm×50cm
・・・8枚（オレンジ）
Ⓑ 40cm×40cm
・・・8枚（ピンク）
◎太さ20号のワイヤー
・・・2本

❶ 花びらをカットする

Ⓐ、Ⓑの不織布をそれぞれ8枚重ねにし、両端をクリップなどで留めて3等分に折る。真ん中を10cmほどあけて折り線のとおりに切り込みを入れ、先端を写真のようにカットする（下書きしてもよい）。

❷ 蛇腹折りにする

それぞれ幅3〜4cmほどの蛇腹折りにし、真ん中をワイヤーでくくりねじって留める。茎をつける場合は端を7〜8cmほど残してカット。茎をつけない場合は短く切って折り込んでおく。

❸ 花びらを開く

P.10「不織布のお花の開き方」を参考にして、花びらを開く。Ⓐには花芯をつけるので、真ん中を少しあけるように開き、Ⓑは中央のワイヤーを隠すように開く。

🌼 花芯と葉を作って完成させる

材料
◎用紙
不織布（薄葉紙でもOK）
Ⓐ 15cm×15cm・・・6枚（茶）
Ⓑ 20cm×20cm・・・3枚（白）
Ⓒ 30cm×3cm・・・2枚（緑）
画用紙など
Ⓓ A4の紙・・・葉の枚数分（緑）
◎太さ20号のワイヤー
・・・花芯用1本と葉の枚数分
◎お好みの太さ・長さの支柱
・・・2本
◎フローラルテープ・・・適量
◎ジャンボフラワー・・・2個

❶ 花芯をカットする

Ⓐの紙は6枚重ね、Ⓑの紙は3枚重ねで両端をクリップで留め、Ⓐは4等分、Ⓑは6等分に折る。真ん中を2〜3cmほどあけて折り線のとおりに切り込みを入れ、先端を写真のようにカット。

❷ 花芯を完成させる

❶でカットした不織布をすべて重ねて（Ⓑが下）幅1.5cmほどの蛇腹折り、ワイヤーの先は短く切って、ケガをしないよう折り込んでおく）。P.10を参考に花びらを開く。

❸ 花芯を貼る

オレンジのほうのお花に、❷で作った花芯を強力タイプの両面テープかボンドで貼り付ける。

❹ 葉を作る

Ⓓの紙を葉の枚数分用意し、それぞれ半分に折る。輪を中心に葉の半分の形を手描きし、カットして広げ、ピンセットで紙を折るように葉脈をつける。葉の裏側中央にボンドを引き、少し固まってきたタイミングでワイヤーを貼る。

❺ お花に茎をつける

お花を裏返し、中央付近の蛇腹の隙間にグルーガンを流し込み、支柱を差し込んで固まるまでしっかり押さえておく。ワイヤーを支柱に巻き付け、フローラルテープで隠す（フローラルテープは手で伸ばしてから使用）。

❻ ガクをつける

Ⓒの紙の辺の長いほうの端に強力タイプの両面テープをつけ、写真のように茎の周りにひだを作りながら貼り付ける。

❼ 葉を茎に貼って完成

ワイヤー部分をセロテープで茎に固定。動かないようグルグル巻きにする。セロテープを隠すようにフローラルテープを巻く。好みの枚数の葉を貼って完成。

マタニティフォトで真っ白な世界を演出

紙で作ったジャンボフラワーが世界各国で流行っています。日本でも若い方を中心に、ウェディングに用いるケースが増えているようですが、それだけではもったいないですね。ホームパーティの飾りにしたり、右の写真のようにマタニティフォトに使うのも素敵！ パーティなどではカラフルさを演出したいですが、マタニティフォトはウェディングと並んでピュアで真っ白な世界が似合います。上のお子様がいる場合は一緒に撮影すれば、とてもいい記念になるでしょう。

Pomponで夢見る空間に
Flower Pompon
フラワーポンポン

Part.2 想い出に残るセレモニー

🌸 フラワーポンポンを作る（3種類）

材料
※フラワーポンポン3個分
◎用紙
不織布（薄葉紙でもOK）
Ⓐ60cm×35cm…14枚（オレンジ）
Ⓑ60cm×30cm
…12枚（オレンジとピンク6枚ずつ）
Ⓒ60cm×25cm…10枚（ピンク）
※長辺のほうは、不織布や薄葉紙の幅そのままを使用。
◎太さ24号のワイヤー…6本
◎ひも…適量

❶ 蛇腹折りにする

Ⓐ14枚、Ⓑ12枚、Ⓒ10枚をそれぞれ片端をクリップで留めて、幅3cmくらいの蛇腹折りにし、いったん広げる。

❷ Ⓐの両端をカット

Ⓐを14枚重ねのまま両端をクリップで留めて、蛇腹の線をガイドに両端を写真のように切る。

❸ Ⓑの両端をカット

Ⓑをピンクとオレンジを交互にし、12枚重ねのまま写真ような形に切る。Ⓒは切らずにそのまま使用。

❹ ワイヤーでくくる

Ⓐ、Ⓑ、Ⓒをそれぞれ半分の枚数に分け、再び蛇腹折りにし、真ん中をワイヤーで留める。ワイヤーの端は短く切って、ケガをしないよう折り曲げておく。

❺ 2つをつなげる

Ⓐ、Ⓑ、Ⓒそれぞれを背中合わせにし、ひもを何周か回して写真と同様の位置でしっかり結ぶ。ひもはポンポンを飾る際に必要な長さを残してカットする。

❻ バランスよく開く

バランスを見ながら1枚ずつ開いていく。最初に上半分をドーム型に開き、次に下半分を同じように開く。

❼ 3つとも完成させる

大きさも形も少しずつ違うポンポンが完成。お好みの色で大小様々な大きさや形のものを作って飾れば華やかに。

🌸 小さな簡単ポンポンの作り方

材料
※フラワーポンポン1個分
◎用紙
不織布や薄葉紙、お花紙
Ⓐ25cm×19cm
　…10枚（薄オレンジ）
※市販のお花紙の大きさです
◎ひも…適量

❶ 蛇腹折りにする

Ⓐの紙10枚を幅2cmほどの蛇腹折りにし、真ん中をひもで縛る。ひもは必要な長さを残してカットする。

❷ 両端をカット

両端を写真のように、折ったままカット。切り方を変えると雰囲気も変わるので、いろいろ試してみよう。

❸ バランスよく開く

上方向に5枚をドーム型に、下方向に5枚をドーム型に開いて完成。

ポンポンピックを作ってみよう

上の「小さな簡単ポンポンの作り方」を参考に、ポンポンピックを作ってみよう（8号サイズのカップケーキ用）。
❶7cm×10cmの不織布などを10枚用意し、幅1cmほどの蛇腹に折る。直径7cmの球体にしたいので、7cmの辺のほうを折っていく。
❷真ん中をワイヤーでくくりねじって留める。ワイヤーの端は短く切って折り曲げておく。
❸竹串のとがったほうにたっぷりとボンドをつけ、中央付近のひだの間に差し込み、完全に固まるまで待つ。
❹上方向に5枚をドーム型に、下方向に5枚をドーム型に開いて完成。
　カップケーキのサイズによってポンポンの大きさを変えるとよい。また、ポンポンを少し大きめに作って、フォトプロップスとして使っても可愛い。

世界でたったひとつの贈り物
Ribbon decoration with masking tape
マスキングテープでリボン飾り

Part.2 想い出に残るセレモニー

🌸 マスキングテープリボンをボックスにかける

材料
◎マスキングテープ（1.5cm幅）
　　　　　　　　…2種類
◎トレーシングペーパー（A4）
　　　　　　　　…1枚
◎リボン…3mm×27cm
◎箱…1つ
※本頁では9.5cm×9.5cm×3.5cmの市販の箱を使用

❶ トレーシングペーパーにマスキングテープを貼る

A4サイズのトレーシングペーパーの縦長の端に合わせて、一気にまっすぐマスキングテープを貼る。両端は少し長めにカットしてカッターマットに固定する。

❷ 幅に合わせてカットする

マスキングテープの幅に合わせて定規をあててカットする。両端はトレーシングペーパーに合わせてカット。もう1種類のマスキングテープも同様にする。

❸ しっかり密着させる

指でしごいてマスキングテープとトレーシングペーパーをしっかり貼り合わせると、仕上がりがキレイになる。

❹ ボックスに巻いていく

箱の中央に接着剤をつけ、❸を1周巻き付け、ボンドで固定する。長い場合はハサミで余分をカットする。大きいボックスを使用する場合は❸を2枚貼り合わせてもよい。

❺ リボンを貼る

❹の上からリボンを巻き付け、中央をマスキングテープ（セロテープでも可）で固定する。

ボックスやラッピングペーパーに好みのインクでスタンプを押せば華やかに。

🌸 土台と花を作って組み合わせる

型紙：P.88 Ⓐ 1-4 🌸

材料
◎トレーシングペーパー（上の工程で余ったもの）
◎マスキングテープ（土台用）…4種類（幅の違うものがあるとよい）
◎マスキングテープ（お花用）…幅1.5cmのものが4〜8種類
◎Ⓐ型紙1-4を70%に縮小
◎ボタン（直径1.2cm）…1個
◎マスキングテープリボンをかけたボックス

❶ 土台用のトレーシングペーパーをカットする
上記の工程で余ったトレーシングペーパーを8cm幅にカットする。

❷ マスキングテープを貼りカットする

4種類のマスキングテープを貼り付け、幅に合わせてカットする。

❸ ボックスに貼り付ける

ボックスの中央に接着剤をつけ、バランスよく貼り付ける。

❹ お花用のトレーシングペーパーをカットする

トレーシングペーパーを13cm幅、10cm幅にそれぞれカットする。

❺ マスキングテープを貼りカットする

これまでと同様にマスキングテープを貼り、13cm、10cmのものを各4本作る（指でしごいてしっかり密着させる）。

❻ ループを作る

❺のマスキングテープの両端を接着剤で貼り合わせ、それぞれ同じくらいの大きさになるようループを作る。

❼ 8の字を作る

ループの中央の内側に少量の接着剤をつけて貼り合わせ、8の字を作る。

❽ 半分の幅にカットする

ハサミで半分の幅にカットする。

❾ 花の形を作る

写真のように、カットしたマスキングテープを貼り付ける。大、小2種類の花を作る。

❿ ボックスに貼る

ボックスに大、小の順に、花びらが互い違いになるようボンドで貼り付ける。

⓫ 飾りを付ける

花の中央にⒶの紙、ボタンの順に貼り付け完成。

想いを形や文字にあらわして…
Photo Props
フォトプロップス

Part.2 想い出に残るセレモニー

🌸 リボンタイプのフォトプロップスを作る

型紙：P.93　Ⓐ 27-1 ×2　Ⓑ 27-2　Ⓒ 27-3 ×2

材料
◎用紙
Ⓐ型紙27-1‥‥2枚（ピンク）
Ⓑ型紙27-2‥‥1枚（ピンク）
Ⓒ型紙27-3‥‥2枚（ピンク）
Ⓓ3cm×3cm‥‥1枚（ピンク）
◎竹串‥‥1本

❶ リボンのふくらみを作る

Ⓐの紙の両端の四角い部分をそれぞれ外側に折る。四角以外の部分を丸箸などをすべらせてカーブをつけ、四角い部分を貼り合わせる。

❷ 結び目部分を作る

Ⓑの紙を両端を1cmずつ内側に折り、真ん中をカーブさせる。

❸ 1と2を貼り合わせる

Ⓑの紙の折り曲げた部分と、Ⓐの紙の四角い部分を貼り合わせる。

❹ リボンを完成させる

❸で作ったものにⒸの紙2枚を写真のように貼り付ける。

❺ 竹串をつける

❹の裏側に竹串をボンドで貼り付ける。

❻ 完成させる

竹串を隠すようにⒹの紙を貼る。

フォトプロップスの型紙を使って作ったガーランド。

🌸 その他のフォトプロップスを作る

型紙：P.92　Ⓐ 20-1 ×2　Ⓑ 20-2　Ⓒ 21 ×2　Ⓓ 22-1 ×2　Ⓔ 22-2
　　　　　Ⓕ 23-1 ×2　Ⓖ 23-2　P.93　Ⓗ 29-1 ×2　Ⓘ 29-2

材料
※フォトプロップス5つ分
◎用紙
Ⓐ型紙20-1‥‥2枚（薄紫）
Ⓑ型紙20-2‥‥1枚（黄緑）
Ⓒ型紙21‥‥2枚（黒）
Ⓓ型紙22-1‥‥2枚（赤）
Ⓔ型紙22-2‥‥1枚（白）
Ⓕ型紙23-1‥‥2枚（赤）
Ⓖ型紙23-2‥‥1枚（ピンク）
Ⓗ型紙29-1‥‥2枚（ピンク）
Ⓘ型紙29-2‥‥1枚（白）
◎竹串‥‥5本
※このほかに、飾り用のお花やリボン、ラインストーンやパールなどを用意

❶ 土台の作り方

リボン以外は、土台になる紙は2枚ずつ用意する。片方に竹串をボンドで貼り、竹串を隠すように上から同じ紙を貼る。

❷ 髭とリップのプロップス

Ⓒの紙2枚を使って髭のプロップスを作り、Ⓓの紙2枚とⒺの紙1枚でリップのプロップスを作る。紙だけで作ってもよいが、パールやラインストーンをつけるとワンランクアップ。

❸ 文字付きのプロップス

ⒶとⒷ、ⒻとⒼ、ⒽとⒾの紙を使って、文字付きのプロップスを作ってみよう。文字はパソコンで打って画用紙に印刷し、型紙を写してカット。お花やリボンをつければ華やかに。

フォトプロップス用の型紙で作れるパーティグッズ

（リボンのカップ飾り）
リボンの型紙をお好みの大きさに縮小してカップに飾ってみよう（見本は45％に縮小）。1cmほどの長さに切った紙を市販のカップに巻き、巻き終わりにリボンを貼る。

（アヒルの席札）
パーティにこんな席札があれば、参加者がスムーズに着席することができる。型紙は24（P.92）を75％に縮小したものを使用。1つの席札を作るのにアヒルを2枚用意し、頭の部分のみ貼り合わせ、1枚の体の部分を外側にすこし折って立たせる。

（アヒルや風船のフォトプロップス）
ベビーシャワーやキッズパーティなら、こんなフォトプロップスがおすすめ。風船は色違いでいくつか作ると可愛い。型紙は24（P.92）、25、26、28（P.93）を使用。

（アヒルのサンキューカード）
参加者一人一人に、お礼のメッセージを書いたカードを渡せば、その日の思い出がより一層素敵なものに。文字部分はパソコンで打って印刷したものをカット（見本は光沢紙を使用、型紙24（P.92）は38％に縮小）。

Part.2 想い出に残るセレモニー

🌸 お花を2種類作る

型紙：P.88　Ⓐ 3-1 ×2　Ⓑ 3-2 ×2　Ⓒ 3-3 ×2　Ⓓ 3-4 ×2

材料
※お花2個分
◎用紙
Ⓐ 型紙3-1…2枚 ┐1セット
Ⓑ 型紙3-2…2枚 ┘（薄茶色）
Ⓒ 型紙3-3…2枚 ┐1セット
Ⓓ 型紙3-4…2枚 ┘（薄緑色）
Ⓔ 26cm×2.5cm
　　　　　…1枚（薄緑色）
◎直径1.3cmの半パール
　　　　　…1個

❶ 花びらに筋をつける

Ⓐ～Ⓓの花びらに縦筋をつける（P.9「花びらに筋を入れる」を参照）。

❷ 2枚ずつ貼り重ねる

Ⓐ～Ⓓをそれぞれ2枚ずつずらして貼り合わせる。

❸ 2組のお花を貼り合わせる

1セットずつ、大小のお花を重ならないように貼り合わせる。

❹ ダブルフリンジとパールを用意

Ⓔの紙を、短いほうの辺を半分に折り、輪のほうに1mm間隔で切り込みを入れて巻き、外側に広げる（P.12「フリンジ」を参照）。

❺ お花に貼る

大きいほうのお花にはダブルフリンジを、小さいほうのお花にはパールを貼る。好みの数を作る。

ガーランドの全体像

🌸 ロゼッタの作り方

型紙：P.93　Ⓐ 25

材料
※ロゼッタ1個分
◎用紙
Ⓐ 型紙25…1枚（肌色）
Ⓑ A4の紙…2枚（薄黄色）

❶ 紙に折り目をつける

Ⓑの紙を横向きに置き、16等分になるまで折り、いったん広げて右側から山折、谷折と折りたたみ、半分に折る。

❷ 円を作る

半分に折ったところに糊をつけて半円にし、同じものを2つ作って貼り合わせる。

❸ ロゼッタを完成させる

ロゼッタの中心にⒶの紙を貼る。文字の数に合わせて作る。

🌸 ガーランドに仕上げる

型紙：P.93　Ⓐ 26 ×2

材料
◎用紙
Ⓐ 型紙26
　　　…2枚（オフホワイト）
◎サテンリボンなど
　　…150cm2本（細い場合は4本）
◎ロゼッタ…必要数
◎お花2種…必要数

❶ ロゼッタを固定する

ロゼッタを裏向きにして配置を決め、サテンリボンなどを上にのせ、Ⓐをロゼッタの中心に貼り固定する。

❷ ロゼッタにお花を配置する

ロゼッタを表に返し、全体のバランスを見ながらお花を配置する。最後に文字をⒶに記入し、ロゼッタの中心に貼る。あらかじめ文字を印刷してから、型紙を写して切り取ってもよい。

カバーリングでカップケーキをもっとステキに！

夢見る Cup Cake Cover
カップケーキカバー

🌸 お花付きのカップケーキカバーを作る
型紙：P.91 Ⓐ 17-1 Ⓑ 17-2　P.88 Ⓒ 3-1 ×3

材料
◎用紙
Ⓐ 型紙17-1
　　…1枚（サーモンピンク）
Ⓑ 型紙17-2
　　…1枚（ベージュ）
Ⓒ 型紙3-1…3枚（ベージュ）
◎パール（直径約1cm）
　　…1個

❶ カップケーキカバーを作る

ⒷをⒶの中央に貼る。それぞれのスカロップの中央に穴あけパンチで穴をあける。Ⓐを丸くカーブさせながらのりしろに糊をつけて貼る。

❷ お花を作る

Ⓒの花びらを1枚ずつ根元から立ち上げ、中央に折り線をつける（P.9「花びらに筋を入れる」参照）。3枚とも同じように。

❸ 完成させる

❷で作った3枚の中央に糊をつけ、花びらが重ならないように貼り、中央にパールを貼る。できたお花をカップケーキカバーに貼る。

Part.2 想い出に残るセレモニー

🌸 ハート付きのカップケーキカバーを作る　型紙：P.91 Ⓐ 17-1　Ⓑ 17-2　P.92 Ⓐ 23-2　Ⓒ 23-3

材料
◎用紙
Ⓐ型紙17-1（糊代不要）＋型紙23-2…1枚（ピンク）
Ⓑ型紙17-2
　…1枚（クリーム）
Ⓒ型紙23-3
　…1枚（クリーム）
Ⓓ幅7mm×20cm
　…1枚（クリーム）

❶ 型紙を作りⒶをカットする

型紙23-2のハートを縦に半分に切り、型紙17-1（糊代不要）の両端にテープなどで留める。それを型紙にして、Ⓐの紙をカットする。型紙17-1と23-2（ハート）の境目に印を付けておく。

❷ スカロップに穴をあける

Ⓑは、型紙通りにカットし、Ⓐの中央に貼る。それぞれのスカロップの中央に、穴あけパンチで穴をあける。

❸ 切り込みを入れる

❶で印を付けた型紙17-1と23-2（半分に切ったハート）の境目に切り込みを入れる。一方は上から半分、もう一方は下から半分のところまで切り込む。

❹ 組み立てる

❸で入れた切り込みのところで、上・下から差し込み、ハートの形ができるように形を整える。差し込んだところには、裏にセロテープなどを貼って留めておく。

❺ ハートを貼る

❹で差し込んでできた大きなハートに、Ⓒのハートを重ねて貼る。

❻ リボンを作る

Ⓓの紙を、㋐8cm、㋑2cm、㋒6cmに切る。輪にした㋐の中央を、㋑で巻くように留めて糊付けする。㋒を半分に折り、少しずらして、㋐の中央に巻いた㋑の裏に貼る。

❼ 完成させる

❻で作ったリボンをカップケーキカバーの本体に貼付ける。リボンの端は斜めに切り揃える。好みでハートの部分に文字を入れたりして飾る。

🌸 羽付きのカップケーキカバーを作る　型紙：P.91 Ⓐ 17-1　Ⓐ 17-3　Ⓑ 17-2　Ⓒ 17-4

材料
◎用紙
Ⓐ型紙17-1（糊代不要）＋型紙17-3…1枚（クリーム）
Ⓑ型紙17-2…1枚（ピンク）
Ⓒ型紙17-4（点線で輪にしてカット）…1枚（クリーム）
Ⓓ幅7mm×20cm
　…1枚（ピンク）

❶ 型紙を作りカットする

型紙17-3を2枚切り、ハート付きのカップケーキカバーと同様に、17-1の両端にテープなどで貼る。それを型紙にしてⒶをカットする。

❷ スカロップに穴をあける

Ⓑをカットし、Ⓐの中央に貼る。それぞれのスカロップの中央に穴あけパンチで穴をあける。

❸ 切り込みを入れる

ハート付きのカップケーキカバーの作り方を参考に、❶でカットしたⒶの羽とカップケーキカバー本体の境目に、上・下から切り込みを入れる。

❹ 組み立てる

❸で入れた切り込みのところで、上・下から差し込み、羽の形が左右対称になるように形を整える。差し込んだところは、裏からテープなどで留めておく。

❺ リボンを作る

ハート付きのカップケーキカバーの作り方❻と同じ手順で、リボンを作る。

❻ 飾りの羽をカットする

二つ折りにしたクリームの紙の輪の部分に、型紙17-4の点線を合わせて写し、二つ折りにしたままカットする。

❼ 完成させる

組み立てた本体の前中央にリボンを貼る。❻でカットした羽は、折り目の部分のみに糊をつけ、本体の羽の中央に貼り付ける。

※油分のあるカップケーキ…どうしてもペーパーに油分がにじむので、パーティの始まる直前にセットするほうがよい。

何が入っているのかな？
BOX見るだけでワクワクするー！！

チューリップの Donut Shaped Box
ドーナツ型ボックス

🍀 チューリップを作る

型紙：P.90　Ⓐ 11-1　Ⓑ 11-2　Ⓒ 13

材料
※チューリップ1個分
◎用紙
（型紙は、60%に縮小して使用）
Ⓐ 型紙11-1…1枚（ピンク）
Ⓑ 型紙11-2…1枚（ピンク）
Ⓒ 型紙13…1枚（緑）
◎ワイヤー…10cm（緑）

❶ 花びらをカーブさせる

ⒶとⒷは、それぞれ花びらを軽く内側にカーブさせ、上3分の2をさらに左右内側にカーブさせる（P.9「内巻き」参照）。

❷ 茎をつける

ⒶとⒷを花びらを互い違いになるよう中央にのみ糊をつけて貼る。花の中央に、千枚通しなどで小さな穴をあけ、先を丸めたワイヤーを通す。ワイヤーは、グルーガンなどで留めておく。

❸ 完成させる

それぞれの花びらを立ち上げて、ふんわりしたつぼみになるように数カ所糊付けして留める。ワイヤーにⒸの端を巻き付けるように貼る。黄色でも2つ作る。

Part.2 想い出に残るセレモニー

🌸 ドーナツ型ボックスを作る

型紙：P.94　Ⓐ 31-1　Ⓑ 31-2　Ⓒ 31-3

材料
◎用紙
（厚めの張りのある紙。型紙はすべて200％に拡大して使用）
Ⓐ型紙31-1…1枚（ピンク）
Ⓑ型紙31-2…1枚（ピンク）
Ⓒ型紙31-3…1枚（ピンク）

❶ 紙をカットする

型紙をコピー用紙などの薄い紙に200％に拡大してコピーする。使用する紙に重ねて、ずれないように気をつけながら型紙を重ねたままカットする。

❷ 折り線を入れる

P.8「紙を折る」を参考にして、重ねた型紙の上から、折り線を鉄筆などでなぞり、折りやすいよう筋を入れていく。

❸ ふたと底を組み立てる

ⒶとⒷは、型紙の折り線どおりに折って、のりしろに糊をつけて貼り、ふたと底を組み立てる。

❹ 穴の支えを組み立てる

Ⓒも型紙の折り線どおり組み立てる。筒状にできたら、型紙の青線の所に切り込みを入れ、外側に折り返しておく。

❺ 穴の支えを底に貼る

Ⓑの穴に、Ⓒの端から差し込み、糊をつけて固定する。底ののりしろが気になる場合は、底に八角形のドーナツ型のペーパーを貼る。上の端は、外側に折る。

❻ ふたをつけて完成させる

Ⓐのはみ出ている部分の裏に糊をつけ、Ⓑに貼る。

ⒶとⒷの真ん中の穴を切り取らず、Ⓒをつけなければ八角形のボックスができる。

🌸 完成させる

材料
◎チューリップ…3つ（ピンク・黄色）
◎リボン…1つ（白）
◎ドーナツ型ボックス…1つ（ピンク）
◎パール（直径6mm）…12個

❶ 配置を考え、パールを貼る

チューリップやリボンを貼る位置を決め、それ以外のところにパールを等間隔で貼る。

❷ チューリップを貼る

チューリップを貼る。ワイヤーなので、強力ボンドを使うか、テープで留めたりグルーガンを使用するとよい。

❸ リボンを貼って完成

P.23「リボンタイプのフォトプロップスを作る」の❶〜❹を参考に、型紙を60％に縮小したリボン（白）を作り、ボックスに貼って完成。

三角形のプレゼントボックス

P.94の型紙32を使って（型紙は250％に拡大）、こんなキュートな三角ボックスを作ってみよう。ドーナツ型ボックスと同様、型紙を写して切り取り、折り線を鉄筆などでなぞる。印のついている場所に穴をあけて組み立て、リボンを通して結んだらできあがり！簡単にできるので、たくさん作ってパーティなどで参加者にプレゼントしてみよう。フォトプロップス用の型紙を縮小してアクセントとして貼り付けても可愛い。

29

COLUMN　身近な画材・色鉛筆

　本書の中では、花びらに色を付けるのに色鉛筆を使っています。柔らかくグラデーションする花びらの色をふんわりと色付けするのには、色鉛筆がとても使いやすいのです。
　また、色鉛筆が、手に入りやすく扱いやすいと言う理由もあります。子供の頃、色鉛筆で絵を描いたり、塗り絵の色を塗った経験がある方も多いと思います。子供の頃に使った、あるいは、子供さんが学校で使っていた色鉛筆がお家で眠っているご家庭も多いはず。買うとしても、近所の文房具屋さんやスーパーの文具売り場などでも売られていて、比較的お値段も手頃なものからあります。100円ショップでも買うことができますね。
　また、最近は、色塗りにセラピー効果があることや、脳の働きによい影響があることなどが科学的に証明され、医療や介護の現場などで、塗り絵が取り入れられたりしています。大人の塗り絵が流行したりもしていますね。色鉛筆なら、そんな癒し効果のある大人の塗り絵も手軽に楽しむことができます。
　でも、色鉛筆で色塗り？子供の塗り絵のイメージですか？もちろん、子供のように自由に塗るのも楽しいのですが、色鉛筆、実は、なかなかの実力派の画材なのです。

◎ 筆圧や塗り方で、かなりイメージが変わります
　強い筆圧で塗れば、濃い色が、弱い筆圧で塗れば、色は薄くなります。また、芯を尖らせて塗る、先の丸いもので塗る、線を書くように塗る、鉛筆を寝かせるようにして塗る、くるくる丸を書くように塗るなど、塗り方でもイメージが変わります。絵の具やペンとはまた違った表現ができます。

◎ 少しずつ重ねることで、混色もできます
　色鉛筆では、色を混ぜることができないと思われているかもしれません。絵の具のように、色を混ぜて別の色を作ってから塗るということはできないのですが、少しずつ重ねて色を塗ることで違う色に見えるように塗ることはできます。また、少しずつ色を変えていけば、グラデーションもできます。グラデーションにするときは、色を変えるときに、少し隣の色と重ねておくと、きれいにできます。

◎ ぼかすこともできます
　本書の中では、花びらに着色するときに、綿棒を使って色鉛筆の色をぼかす方法を紹介しています。ふんわりした雰囲気を出すにはぴったりのテクニックです。また、油性の色鉛筆であれば、専用のぼかし液が売られています。専用の液を使うと、色鉛筆で塗った色が溶けて、ぼかすことができます。水性の色鉛筆であれば、水をつけた筆で、ぼかすことができます。ぼかしのテクニックを使うことで、さらに表現の幅が広がります。

　実際に色を塗るときには、どこから光が当たっているかを考えると、立体的に塗ることができます。影をつけることで、明るい部分が浮き出て見えて、ぐっと立体感が出ます。影をつけるためには、どこから光が当たっているかを考えましょう。光のあたっていないところに影ができます。花の色を塗るのであれば、花びらの重なっているところや、中心の奥の方などが影になります。影のつき方がわかりにくいときは、写真やイラストなどを見て、明るい部分や影になって暗い部分はどこにあるか、研究してみましょう。
　影をつけるには、少し濃い色を塗る、少し青に寄った色を塗る、グレーを重ねる、反対色を塗るなど、いろいろな方法があります。また、とても明るい部分は、色をごく薄く塗る、あるいは、あえて色を塗らず白いまま残すと、明るさが表現できます。
　このように、光を考えて塗ることで、ぐっとリアルで立体的な仕上がりになります。素敵に出来上がれば、癒し効果も倍増するかもしれませんね。

　このように、手軽に楽しめて、癒し効果もある塗り絵。塗り絵帳もたくさん市販されていますが、スタンプを使うのもおすすめです。スタンプを使えば、はがきやカードに押して色を塗って、お友達に送ったり、ノートやスケジュール帳などにおしたり、色を塗るだけでなく、いろいろなアレンジを楽しむこともできます。身近な画材、色鉛筆をもっと活用してみませんか？

日本ペーパーアート協会のオリジナルスタンプを使えば、色塗りがもっと楽しく！おとなかわいいものからお子様にも楽しんでいただける絵柄まで、多数取り揃えております。オンラインにてご購入いただけます。http://paper-art.jp

Part.3
エレガントなホームパーティ

おもてなしに心をこめて
スイートピーと
チョコレートコスモスの
Place Mat
プレイスマット

Part.3 エレガントなホームパーティ

🌸 スイートピーのプレイスマットを作る
型紙：P.89 Ⓐ 8-1 ×10 Ⓑ 8-2 ×10 Ⓒ 8-3 ×5　P.90 Ⓓ 10-2 ×3

材料
◎用紙
Ⓐ型紙8-1・・・10枚（紅色）
Ⓑ型紙8-2・・・10枚（紅色）
Ⓒ型紙8-3・・・5枚（緑）
Ⓓ型紙10-2・・・3枚（緑）
Ⓔ3mm×30cm・・・5枚（深緑）
Ⓕ40cm×30cm・・・1枚（白）
◎ストーン3mm・・・2個（透明）
◎パール8mm・・・2個
◎パール5mm・6mm・・・各4個
◎レースペーパー（23cm）
　　　　　　　　　　・・・1枚

❶ 花びらの中央を内巻きにする

Ⓐの紙とⒷの紙、それぞれ10枚の花びらすべての中央部分を、丸箸などで内側にカーブをつける。

❷ 花びらの端にカーブをつける

❶の花びらの端をすべて、写真のように丸箸などで外側にカーブをつける。

❸ 花びらを貼り合わせる

❷でカーブさせたⒶとⒷのそれぞれ2枚を向い合わせにして下端を糊付けし、写真のようにⒶの間にⒷを貼る。

❹ ガクと茎をつける

Ⓒを半分に折り、Ⓔを折り込むように重ね、❸に糊付けする。

❺ 葉の中央に折り目をつける

ピンセットを使って、葉の中央部分を谷折りにする。

❻ 葉をカーブさせる

丸箸などを使い、中央の線から外側に向けてカーブをつける。

❼ 完成させる

Ⓕに、作成した花とレースペーパー、パールなどを糊付けする。バランスを見ながら葉にストーンを貼る。

🌸 チョコレートコスモスのプレイスマットを作る
型紙：P.88 Ⓐ 1-2 ×2 Ⓑ 1-3 ×4 Ⓒ 1-4 ×2

材料
◎用紙
Ⓐ型紙1-2・・・2枚（赤）
Ⓑ型紙1-3・・・4枚（赤）
Ⓒ型紙1-4・・・2枚（赤）
Ⓓ3mm×30cm・・・1枚（黒）
Ⓔ1cm×20cm・・・1枚（黒）
Ⓕ1cm×25cm・・・2枚（黒）
Ⓖ40cm×30cm・・・1枚（白）
◎ストーン3mm・・・2個（透明）
◎ストーン8mm・・・1個（黒）
◎パール8mm・・・2個
◎パール5mm・6mm・・・各4個
◎レースペーパー（23cm）
　　　　　　　　　　・・・1枚

❶ フリンジ状に切る

Ⓔの紙を1mmの幅にフリンジ状に切る。

❷ 花芯①を作る

Ⓓの紙を指でクルクル巻き、巻き終わりを糊で留める。❶の先をⒹに貼り、ところどころ糊付けをしながらⒹに巻き付け、巻き終わりを糊で留める。

❸ 形を整える

❷が完全に乾いたことを確認し、Ⓔのフリンジを丸箸などを使い外側へ押し広げる。

❹ 花芯②を作る

Ⓕの紙を幅が5mmになるように折り、輪のほうをフリンジ状に切り、指でクルクル巻く。巻き終わりを糊付けする。

❺ 花びらをカーブさせる

Ⓐ〜Ⓒの紙をすべて丸箸などで内巻き、外巻きにカーブさせる。

❻ 花びらを重ねる

同じ大きさのお花2枚を写真のように貼り重ねる。Ⓐには花芯①を、Ⓑには花芯②を、Ⓒにはストーン（黒）を中央に糊付けする。

❼ 完成させる

Ⓖに、❻で作成した花とレースペーパー、パールなどを糊付けする。バランスを見ながら花びらにストーンを貼る。

ハンドメイドだから1つ1つ想いが伝わる
ダリアとバラで彩る
Napkin Ring
ナプキンリング

Part.3 エレガントなホームパーティ

ダリアのナプキンリングを作る
型紙：P.88 Ⓐ 1-2 ×3　Ⓑ 1-4 ×3　P.90 Ⓒ 10-3 ×2　Ⓓ 12 ×2

材料
◎用紙
Ⓐ 型紙1-2…3枚（濃ピンク）
Ⓑ 型紙1-4…3枚（濃ピンク）
Ⓒ 型紙10-3…2枚（緑）
Ⓓ 型紙12を120%に拡大
　…2枚（シルバー）
Ⓔ 4cm×17cm…1枚（シルバー）
Ⓕ 5mm×10cm…1枚（濃ピンク）
◎両穴パール8mm…1個（白）
◎レースリボン…4mm×23.5cm
1本、4mm×17cm 1本

❶ 花びらをカーブさせる

Ⓐを花びらの付け根から折り上げ、丸箸に巻くようにしてカーブさせ、Ⓑは内巻きにする（P.9「内巻き」参照）。

❷ お花を貼り合わせる

❶でカーブをつけたお花を、それぞれ花びらが互い違いになるように糊で貼り合わせる。

❸ ポップアップツールを作る

Ⓕの紙の先をピンセットではさんでグルグル巻いて糊で留めてポップアップツールを作り、Ⓑのお花の裏に貼る。

❹ 2つのお花を貼り合わせる

2つのお花を写真のように貼り合わせる。

❺ お花を仕上げる

お花の中央に両穴パールを糊で貼る。Ⓒに葉脈をつけ（P.10「葉脈」参照）、お花の裏に貼る。

❻ リングとリボンを作る

Ⓔの紙を直径5cmの円になるように糊付けする。Ⓓの紙を写真のように糊で貼ってリボンを作る。

❼ 完成させる

❻のリングとリボンにレースリボンを巻きつけるように貼り、グルーガンでリング、リボン、お花を貼り合わせる。

バラのナプキンリングを作る
型紙：P.89 Ⓐ 4-2 ×5　P.90 Ⓑ 10-3 ×2　P.88 ⒸⒹ 1-4 ×10

材料
◎用紙
Ⓐ 型紙4-2…5枚（赤）
Ⓑ 型紙10-3…2枚（緑）
Ⓒ 型紙1-4…6枚（濃ピンク）
Ⓓ 型紙1-4…4枚（薄緑）
Ⓔ 2.5cm×6cm…1枚（ゴールド）
Ⓕ 6cm×17cm…1枚（シルバー）
◎両穴パール4mm…10個
◎水引16.5cm…2本（シルバー）、
1本（白）、30cm…1本（シルバー）
◎ワイヤー…3cm

❶ 花びらをカーブさせる

Ⓐの紙を全て、花びらの付け根から折り上げ、丸箸に巻くようにしてカーブさせ、花びらの両側を外巻きにする。

❷ 花びらを貼り合わせる

❶でカーブをつけたお花の1枚を写真のように糊で貼る。

❸ 4枚を貼り合わせる

残りの4枚を花びらが互い違いになるように糊で貼る。

❹ 花芯を作る

Ⓔの紙は長いほうの辺を端から数ミリ残して切り込みを入れ、外側にカーブさせてから巻いていき、糊で留める。

❺ 2つを貼り合わせる

❷と❸で作ったお花を糊で貼り合わせる。

❻ 花芯を中央に貼る

❹で作った花芯をお花に貼る。

❼ バラを仕上げる

Ⓑの紙に葉脈をつけて2枚を貼り合わせ、❻で作ったお花の裏に糊で貼る（P.10「葉脈」参照）。

❽ 飾りのお花を作る

Ⓒの紙を花びらを付け根から折り上げて外巻きにする。Ⓓは山折りにする。それぞれを互い違いになるよう糊で貼る。Ⓒのお花には両穴パールを糊で貼る。

❾ 飾りを作る

水引（シルバー）に両穴パールを通して糊で貼り、2重の輪にしワイヤーで留める。Ⓕを直径5cmの筒になるよう糊で貼り、水引3本を貼る。

❿ バラと飾りを貼る

バラと❽、❾で作った飾りをグルーガンでバラ、水引の輪、飾りの順に貼る。

35

一段とグレードアップしたい時に
オリエンタルリリーの
Cutlery Case
カトラリーケース

Part.3 エレガントなホームパーティ

🌸 バスケット用のユリを作る
型紙：P.89 6 Ⓐ×6 Ⓔ×2 P.90 Ⓑ 14 ×2 15 Ⓒ×3 Ⓕ

材料
◎用紙
Ⓐ型紙6を250%に拡大
　…2枚×3個分→合計6枚（白）
Ⓑ型紙14を250%に拡大
　…2枚（モスグリーン）
Ⓒ型紙15…3枚（淡黄緑）
Ⓓ1mm×8cm…3枚（淡黄緑）
Ⓔ型紙6…2枚（白）
Ⓕ型紙15を40%に縮小
　…1枚（淡黄緑）
Ⓖ1mm×3cm…1枚（淡黄緑）
ⒺⒻⒼ…用意するカトラリーの個数分

❶ 着色する

Ⓐの紙の中心から花びらにかけて、黄緑の色鉛筆で塗り、綿棒でぼかす。

❷ 花びらに筋を入れる

P.9の「花びらに筋を入れる」を参考に、折り筋をつける。

❸ 花びらを立たせて根元を貼る

2枚のうち、1枚の花びらを折り上げ、細く切った白のマスキングテープ（または細く切ったコピー用紙）で、隙間があかないように根元を巻いて留める。花の底は三角形になる。

❹ 2枚目に貼る

残りの1枚の真ん中に、花びらが互い違いになるように貼り付け、しっかりと乾かす。

❺ 花びらを立てて貼る

外側の花びらも立て、内側の花の三角の根元（マスキングテープの幅を目安）に糊をつけ、しっかり貼る。

❻ 花びらをカーブさせる

根元からゆるく外側に花びらをカーブさせる。

❼ 葉を作る

Ⓑの紙に葉脈を入れ（P.10「葉脈」を参照）、2枚とも外側にカーブさせる。

❽ 切り込みを入れ、めしべを貼る

Ⓒの紙のとがった部分から、根元へ切り込みを入れる。根元の真ん中あたりにⒹを貼る。

❾ ピンセットで巻く

Ⓒの紙を柔らかく外側にカーブさせ、根元をピンセットではさんで巻く。巻き終わりを糊で留める。

❿ 花芯を貼る

ユリの花の中央に、差し込むようにして貼る。

⓫ 小さいユリを作る

Ⓔ、Ⓕ、Ⓖの紙を使って、小さいユリの花を必要な分作る。

🌸 バスケットにアレンジする
型紙：P.88 Ⓐ 2-1

材料
◎用紙
Ⓐ型紙2-1…（白い厚めの紙）
◎クリップ式コサージュピン…1個
◎リボン（白）80cm…1本
◎リボン（ベージュ）40cm※
◎お好みのバスケット
◎和紙…バスケットの中に敷けるサイズ
◎紙ナプキン（赤）※
◎ユリ大…3個
◎ユリ小※
※…用意するカトラリーの個数分

❶ 台紙に貼る

Ⓐの紙を台紙に使う。葉をのせ、ユリを三方向からのせて、グルーガンで貼る。リボンを結び、隙間に入れて貼る。

❷ コサージュピンに貼る

台紙ごと、コサージュピンに貼る。

❸ 小さいユリを飾る
ナプキンでカトラリーを包み、ベージュのリボンで結ぶ。その上に小さいユリをグルーガンで貼る。

❹ 和紙を敷く
和紙を、バスケットの大きさに合わせて全体に敷く。

❺ 完成させる
大きなユリは好きな場所にクリップで留め、カトラリーをバスケットの中へ入れる。

お花をいくつか組み合わせてカトラリーケースを飾っても可愛い。

🌸 カトラリーケース用のユリを作る

型紙：P.89 Ⓐ 6 ×2

材料
※ユリ1個分
◎用紙
Ⓐ 型紙6を150％に拡大
　　　　　　…2枚（白）
Ⓑ 4.5cm×1.5cm…1本（白）

❶ 花びらに筋を入れる

Ⓐの花びらの裏側中央に竹串や鉄筆などで1本（または2本）線を引き、エンボス加工する（P.10「花脈」参照）。

❷ 着色する

表側の中央を黄緑と黄色の色鉛筆で塗り、綿棒でぼかす。

❸ 2枚を貼り合わせる

2枚を花びらが互い違いになるようにずらして貼り重ねる（P.10「お花の貼り重ね方」参照）。

❹ 折り上げて貼る

花びらの下のほうを内側に軽く折り（6枚とも）花びらの付け根から折り上げる。外側の3枚の花びらの下のほうに糊をつけ、内側の3枚の花びらに貼り付ける。

❺ 花びらをカーブさせる

丸箸や目打ちなどで花びらを外巻きにする（P.9「外巻き」参照）。

❻ 花芯を作る

Ⓑの紙を下数ミリを残し7等分に切り込みを入れる。表裏とも、先端を黄色の色鉛筆で塗る。丸箸などで先をカーブさせてからクルクルと巻く。

❼ お花に貼る

❻の花芯の下に糊をつけて、❺の花の中央に差し込むように貼る。

🌸 持ち手付きカトラリーケースを作って完成させる

型紙：P.90 Ⓐ 14 ×4　P.91 Ⓑ 19 ×2

材料
◎用紙
Ⓐ 型紙14…4枚（薄緑）
Ⓑ 型紙19を70％に縮小
　　　…2枚（黄色とシルバー）
Ⓒ 16cm×30cm…1枚（えんじ）
Ⓓ 側面3cm×8.5cm
　　　…2枚（えんじ）
Ⓔ 側面3cm×22.5cm
　　　…2枚（えんじ）
Ⓕ 底面8.5cm×22.5cm
　　　…1枚（えんじ）
Ⓖ 持ち手5cm×30cm
　　　…1枚（えんじ）
※Ⓗ～Ⓚは厚紙（ボール紙など）
Ⓗ 側面3cm×8.5cm…2枚
Ⓘ 側面3cm×22.5cm…2枚
Ⓙ 底面8.5cm×22.5cm…1枚
Ⓚ 持ち手2cm×30cm…1枚
◎3mm幅のリボン
　　　…24cm（白）8本
◎2cm幅のリボン
　　　…130cm（白）1本
◎2.5cm幅のリボン
　　　…60cm（ピンク）1本
◎ラインストーン
　　　…2個（透明）
◎パールチェーン60cm
　　　…1本
◎ユリ…2個

❶ Ⓒの紙に折り目を付ける
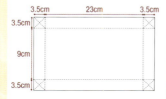
Ⓒの紙を内側がすべて谷折りになるように、図のように折り目をつける（P.8「紙を折る」参照）。角は三角に折り込んでから谷折りにする。

❷ えんじの紙を厚紙に貼る

Ⓓ、Ⓔの紙をⒽ、Ⓘの厚紙に両面テープなどで貼り、裏側に3mm×24cmのリボンを写真のように8カ所につける。Ⓕの紙もⒿの厚紙に貼る。

❸ 持ち手を作る

Ⓖの紙の真ん中にⓀの厚紙を両面テープなどで貼り、三つ折りにして合わさった部分を貼る。

❹ 持ち手を付ける

❸で作った持ち手を、手でしごくようにカーブをつけ、❶の長い方の側面の内側、真ん中に貼り付ける（片方のみ）。

❺ ❹に❷を貼る

❷で作ったものを❹に貼り付ける。

❻ 組み立てる

❺を折り線に沿って立て、四隅をリボンで結ぶ。リボンをカットして長さを調節する。持ち手の片方を長いほうの側面の表側、真ん中に貼る。

Part.3 エレガントなホームパーティ

❼ 持ち手にリボンを巻く

持ち手に2cm×130cmのリボンを巻き付けて余った分を切り、両端を両面テープなどで留める。パールチェーンも巻き付け、両端を糊で貼る。

❽ 葉に葉脈を入れカーブさせる

Ⓐの紙に葉脈を入れてから(P.10「葉脈」の❷参照)、丸箸などで葉の先を外巻きにする(P.9「外巻き」参照)。

❾ 蝶を作る

Ⓑの紙の真ん中に糊をつけて、写真のように2枚を貼り合わせ、上にラインストーンを2個貼る。カトラリー入れの角に貼り付ける。

❿ 完成させる

❺で表側に貼った持ち手のあたりに、ユリ2個、葉4枚を糊で貼り付ける。2.5cm×60cmのリボンを蝶結びにして、足の部分を折り上げ、写真のように貼り付けて完成。

🌸 舟型カトラリーケース用の小花と葉を作る
型紙：P.88 Ⓐ 3-5　P.90 Ⓑ 14

材料
※お花、葉それぞれ1個分
◎用紙
Ⓐ型紙3-5…1枚(水色)
Ⓑ型紙14…1枚(薄緑)
◎直径5mmのパール…1個

❶ 花びらを1枚カットする

Ⓐの紙の花びらを1枚カットし、切り込みを入れる。三角の部分に糊をつけて、すぐ右側の花びらの後ろに貼り付ける。

❷ 花びらをカーブさせパールを貼る

花びらを丸箸や目打ちなどで外巻きにする。(P.9「外巻き」参照)。パールを貼って小花が完成。

❸ 葉に葉脈を入れカーブさせる

Ⓑの紙に葉脈を入れてから(P.10「葉脈」の❷参照)、丸箸などで葉の先を外巻きにする(P.9「外巻き」参照)。

🌸 舟型カトラリーケースを作って完成させる

材料
◎用紙(ⒶⒷは厚紙、ⒸⒹは薄めの紙でOK)
Ⓐ上底32cm×下底22cm×高さ5cmの台形
　…2枚(ベージュ)
※のりしろ1cm幅
Ⓑ36.2cm×7cm
　…1枚(ベージュ)
Ⓒ36.2cm×7cm
　…1枚(えんじ)
◎パールチェーン7cm…2本
◎2.5cm幅のリボン
　…60cm(えんじ)1本
◎直径20cm(丸)のレースペーパー…2枚
◎ユリ…2個
◎小花…8個
◎葉…4枚
◎「持ち手付きカトラリーケース」❾と同様の蝶…1個

❶ 紙に折り目をつける
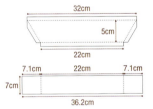
Ⓐ〜Ⓒの紙の折り線部分を鉄筆などでなぞり筋をつけて、ⒶとⒷは表側を山折りに、Ⓒは表側を谷折りにする(P.8「紙を折る」参照)。

❷ ⒶをⒷに貼り合わせる

Ⓐの紙ののりしろに糊または両面テープなどをつけてⒷの紙に貼り合わせる。

❸ Ⓒを貼る

Ⓒの紙を❷で作ったものの中に敷いて両面テープなどでしっかり貼り付ける。

❹ パールチェーン、レースをつける

❸の左右にパールチェーンを糊付けし、レースペーパーを両側の側面に糊でつける。

❺ 完成させる

片面のレースペーパーの上にユリ2個、小花8個、葉4枚、蝶1個を貼る。リボンを蝶結びにして足の部分を折り上げ、写真のように貼り付けて完成。

贈り物の定番もペーパーフラワーで
胡蝶蘭の
Pot arrangement
ポットアレンジメント

Part.3 エレガントなホームパーティ

胡蝶蘭の花を作る

型紙：P.89 Ⓐ 7-1 Ⓑ 7-2 Ⓒ 7-3

材料
※胡蝶蘭1個分。鉢植えに仕立てるには5個必要
◎用紙
Ⓐ型紙7-1…1枚（白）
Ⓑ型紙7-2…1枚（白）
Ⓒ型紙7-3…1枚（白）
◎緑のワイヤー（36cm）
　　　　　　　…1本
◎パール3mm…2個

❶ 胡蝶蘭の花を作る

アレンジメントの胡蝶蘭の花と同様に、ワイヤー36cmで5個の花を作る（P.44「胡蝶蘭の花を作る」参照）。

胡蝶蘭の鉢植えは本物の植物にもなじむ。

胡蝶蘭のつぼみを作る

型紙：P.89 Ⓐ 7-3

材料
※胡蝶蘭のつぼみ1個分。鉢植えに仕立てるには2個必要
◎用紙
Ⓐ型紙7-3…1枚（白）
◎緑のワイヤー（36cm）
　　　　　　　…1本

❶ 花びらを内巻きにする

Ⓐの中心部分に目打ちや画鋲で穴を開け、写真のように内巻きにする。

❷ ワイヤーを通す

ワイヤーの先を丸め90度に折ったものを、Ⓐの穴に通して貼る。写真の印の位置に糊をつける。

❸ つぼみのように貼る

上下の花びらを左右の花びらで包み込むように貼る。

胡蝶蘭の葉を作る

型紙：P.90 Ⓐ 12 ×4

材料
◎用紙
Ⓐ型紙12…4枚（緑）

❶ 半分に折る

Ⓐを縦半分に折る。

❷ 葉脈をつける

竹串を使い縦に葉脈を描く（P.10「葉脈」参照）。

❸ カーブをつける

丸箸を使い、外側へカーブをつける。

鉢植えに仕立てる

材料
◎胡蝶蘭の花…5個
◎胡蝶蘭のつぼみ…2個
◎胡蝶蘭の葉…4枚
◎植木鉢 直径約6.5cm×高さ7cm…1個
◎素ボール6.5cm…1/2個
◎茶色の紙…適量
◎緑のマスキングテープまたはフローラルテープ…適量

❶ 1株の胡蝶蘭に仕立てる

つぼみ2個をずらして持ち、緑のマスキングテープでワイヤーを巻く。つぼみの先から約5cmのところで花のワイヤーを1本加え、花から約3cmのところをマスキングテープで巻く。花が重ならないように間隔をあけながら、1本ずつ花を加え、ワイヤーを束ねてテープで巻いていく。

❷ 土台に固定する

素ボールをカッターで半分にカットし、目打ちで中央に斜めに穴をあける。花のワイヤーを通し、グルーガンで糊付けしたら、形を整える。

❸ 完成させる

❷を鉢に糊付けし、胡蝶蘭の葉2枚で茎をはさむように貼り付ける。これを2段作る。茶色の紙を細かく刻み、手で丸めたものを素ボールの上にボンドで貼って敷き詰める。

笑顔が見える贈り物
胡蝶蘭で
Table Flower
テーブルフラワー

Part.3 エレガントなホームパーティ

🌸 ピンクの花を作る

型紙：P.88 Ⓐ 1-2 ×5 Ⓑ 1-3 ×3

材料
※ピンクの花1個分。アレンジメントにするには3個必要
◎用紙
Ⓐ型紙1-2…5枚（ピンク）
Ⓑ型紙1-3…3枚（ピンク）
Ⓒ1.2cm×25cm…1本（金）

❶ 花びらにカーブをつける

Ⓐ5枚とⒷ3枚の花びらの付け根を折って立ち上げ、花びらの両端を丸箸に巻きつけるように内巻きにし、先端を軽くつまむ。

❷ 花びらを貼り重ねる

Ⓐの花5枚の上にⒷの花3枚を、花びらをずらして貼り合わせる。

❸ 花芯を作り貼る

Ⓒの紙をダブルフリンジにする（P.12「フリンジ」参照）。その底を押し上げて立体感を出し、後ろに糊を埋めるようにつけて花の中央に貼る。

🌸 白い小花を作る

型紙：P.88 Ⓐ 3-5

材料
※白い小花1個分。アレンジメントにするには7個必要
◎用紙
Ⓐ型紙3-5…1枚

❶ 花びらをカットする

Ⓐの花びら1枚をカットし、中心まで切り込みを入れてのりしろを作る。

❷ 花びらを外巻きにする

❶ののりしろ部分に糊をつけて貼り合わせ、花びらを丸箸で外巻きにする。

❸ パールをつける

中心にパールをつける。

🌸 バラのつぼみを作る

型紙：P.89 Ⓐ 4-2 ×5

材料
※バラのつぼみ1個分。アレンジメントにするには黄緑1個、黄色3個必要
◎用紙
Ⓐ型紙4-2…5枚（黄緑）

❶ 花びらを内巻きにする

花びらの付け根を折って立ち上げ、丸箸で写真のように内巻きにする。

❷ つぼみのように貼る

花びらの内側に少量糊をつけ、写真のように組み合わせて貼る。

❸ 花びらを貼る

❷の底に糊をつけ、2枚目の花に貼り、丸箸で写真のように内巻きにする。

❹ 花びらを立ち上げて貼る

花びらの内側に糊をつけ、❷の花びらに少し間隔をあけて貼る。底に糊をつけ、3枚目の花に貼る。

❺ 花びらをカーブさせる

花びらは写真のように、右は外側へ左は内側へカーブをつける。下のほうに少量糊をつけて内側に貼り付ける。

❻ 包み込むように貼る

❺の底に糊をつけ、4枚目の花に貼る。花びらは斜め外巻きにする。写真のように糊をつけて、包み込むように貼る。

❼ 5枚目を貼る

❻の底に糊をつけ、5枚目の花に貼る。❻と同様にカーブをつけて糊付けする。アレンジメントで隙間があく場合には、もう1枚花を足す。

胡蝶蘭の花を作る

型紙：P.89 Ⓐ 7-1 Ⓑ 7-2 Ⓒ 7-3

材料
※胡蝶蘭1個分。アレンジメントにするには5個必要
◎用紙
Ⓐ 型紙7-1…1枚（白）
Ⓑ 型紙7-2…1枚（白）
Ⓒ 型紙7-3…1枚（白）
◎緑のワイヤー…1本
◎パール3mm…2個

❶ Ⓐの花びらに折り目をつける

Ⓐを写真のようにピンセットで軽く折り目をつける。

❷ 花びらにカーブをつける

丸箸を使い、❶で折った線から内巻きになるようにカーブをつける。

❸ Ⓑに穴をあける

Ⓑの印の部分に、目打ちや画鋲で小さな穴をあける。

❹ 花びらを内巻きにする

Ⓑの花びら3枚を写真のように斜め内巻きになるように、カーブをつける。

❺ Ⓒに色をつける

Ⓒの中心部分に色鉛筆で色をつける。小さな花びらを写真のように丸箸でカールさせ根元を折って立ち上げる。

❻ 花びらをカーブさせる

Ⓒのほかの花びらをすべて内巻きにカーブをつけて、写真のような形にする。

❼ ワイヤーの先を曲げる

ワイヤーの先端をピンセットで小さくクルクルと巻き、90度に折り曲げる。

❽ Ⓑにワイヤーを通す

Ⓑの穴に❼のワイヤーを通し、ボンドで貼る。

❾ Ⓐを貼る

❽のボンドの上にさらにボンドをつけて、Ⓐを貼り付ける。

❿ Ⓒとパールを貼る

写真のように❻で作ったⒸとパールを2個つける。

ハートのアイビーを作る

型紙：P.89 Ⓐ 9-1 ×11 Ⓑ 9-2 ×5 Ⓒ 9-3 ×3

材料
※アイビー1本分。アレンジメントにするには3本必要
◎用紙
Ⓐ 型紙9-1…11枚（緑）
Ⓑ 型紙9-2…5枚（緑）
Ⓒ 型紙9-3…3枚（緑）
◎緑のワイヤー…1本

❶ 葉脈をつける

ⒶⒷⒸすべてを半分に折り、写真のように折り目をつけ葉脈を作る。

❷ ワイヤーをつける

葉の茎部分に糊をつけ、ワイヤーに巻き付けて貼る。

❸ つる植物状に貼る

葉が重ならないように、ⒶⒷⒸを混ぜながら貼り付けていく。

アレンジメントを仕上げる

材料
◎胡蝶蘭の花…5個
◎ピンクの花…3個
◎バラのつぼみ（黄緑）…1個
◎バラのつぼみ（黄）…3個
◎白い小花…7個
◎ハートのアイビー…3本
◎リボン約60cm（レース・緑）
◎コピー用紙…適量
◎厚紙…適量
◎直径約11cmの器

❶ 土台を作る

コピー用紙を丸めて糊をつけ、器に貼る。

❷ お花をアレンジする

花を貼り付ける。ピンクの花は厚紙を重ねたものを貼り、高さを出す。

❸ 完成させる

リボンを結んで花の隙間に貼り付けて完成。

Part.4
特別な瞬間のアクセサリー

ピュアな透明感をペーパーフラワーで

ラナンキュラスの
Flower Crown & Wristlet
花かんむり & リストレット

Part.4 特別な瞬間のアクセサリー

🍀 ラナンキュラスを作る（2種類）
型紙：P.89 5-2 Ⓐ×2 Ⓑ×6 Ⓓ×4 Ⓒ 5-1 ×10 P.88 Ⓔ 3-5 ×2

材料
※ラナンキュラス2個分
◎用紙
（ラナンキュラス1）
Ⓐ型紙5-2…2枚（オリーブ）
Ⓑ型紙5-2…6枚（淡い緑）
Ⓒ型紙5-1…10枚（白）

（ラナンキュラス2）
Ⓓ型紙5-2…4枚（白）
Ⓔ型紙3-5…2枚（オリーブ）
◎直径1cmのパール…1個

❶ ラナンキュラス1を作る

Ⓐの紙を花びらの付け根を折り上げ、丸箸などで左右斜め内巻きにする。

❷ つぼみのように貼る

各花びらの内側左上に糊を少量つけ、隣の花びらに重ねるように貼る。

❸ 2枚目も同様に巻く

Ⓐの紙に❶と同様のカーブをつけ、❷と花びらが互い違いになるように貼る。

❹ 1、2枚目を貼り重ねる

❷と同様に、それぞれの花びらの左上に糊を少量つけて、隣の花びらの上に重ねるように貼る。1つ目のものと少し隙間をあけるようにする。

❺ 同様にあと14枚貼る

同様に、Ⓑの紙6枚、Ⓒの紙8枚を、隙間をあけながら貼り付けていく。隙間はだんだんと広げ、途中から糊は花びらの付け根の真ん中につける。

❻ 2枚を波型にカーブさせる

残ったⒸの紙2枚は、花びらの付け根を折り上げたあと、丸箸などで写真のように波打つようにカーブをつけて貼り重ねる。

❼ 貼り合わせる

❺と❻で作ったものを貼り合わせる。このほかに、オリーブ＋クリーム＋白や、オリーブ＋薄緑＋淡い緑などの色の組み合わせで、必要な数を作る。

❽ ラナンキュラス2を作る

Ⓓの紙4枚の花びらの付け根を折り上げたあと、波打つようにカーブをつけ、4枚をずらして貼り重ねる。

❾ 花芯を作る

Ⓔの紙2枚の花びらの真ん中に切り込みを入れ（付け根まで）、丸箸などで内巻きにし、ずらして貼り重ねる。

❿ 貼り合わせる

❽と❾を貼り重ね、中央にパールを貼って完成。リストレットや花かんむりで使用する数を作る。

実際につけてみるとこのような感じに

🍀 小花と葉を作って、完成させる
型紙：P.88 Ⓐ 3-3 P.90 Ⓑ 10-3

材料
※葉1枚、小花1個分
◎用紙
Ⓐ型紙3-3…1枚（黄緑）
Ⓑ型紙10-3…1枚（緑）
Ⓒ厚さ0.5mmほどの厚紙…リボンと同じ幅×頭囲や手首に巻くために必要な長さ
◎幅18〜20mmほどの白いリボン…花冠やリストレットに必要な長さ
※ラナンキュラス、小花、葉は、必要な数を用意する

❶ 小花を作る

ここに糊をつける
切り込み
Ⓐの紙の花びらを1枚カットして切り込みを入れ、写真のように貼ってから花びらを外巻きにする。薄オレンジ、白、黄緑などで、必要な数だけ作る。

❷ 葉を作る

Ⓑの葉は、ピンセットを使って半分に折り、丸箸などで左右外側にカーブさせる。2〜3色の緑で必要な数だけ作る。

❸ 土台を作る

Ⓒの厚紙を、リボンの幅に合わせて細長く切り、リストレットは手首周ほど、花冠は頭囲に合わせた長さにする。丸箸などをすべらせてカーブをつける。

❹ 土台にリボンを貼る

厚紙の長さよりも2cm長いリボンを用意し、両端1cmを残して❸の内側に両面テープ（強力タイプ）で貼る。両端は厚紙をくるむように外側に貼る。

❺ 外側にもリボンを貼る

土台の長さにリボン結びをするための長さを加えたリボンを、❹の外側に両面テープ（強力タイプ）で貼る。

❻ 葉とラナンキュラスをつける

まずは土台にグルーガンで葉をバランスよく貼る。花と花の間に差し込むように貼る分を少し残しておく。次にラナンキュラスを詰めて貼る。

❼ 小花を貼って完成

最後に小花と残りの葉を、花と花の間の隙間を埋めるように貼る。できるだけ隙間がないようにする。

母から娘へ 愛溢れるハンドメイド
Wedding Bouquet
ウェディングブーケ

Part.4 特別な瞬間のアクセサリー

🍀 不織布のお花を作る（3種類）

材料
※不織布のお花3個分
◎用紙
不織布（薄葉紙、お花紙でもOK）
お花1
Ⓐ 11cm×11cm‥‥10枚（白）
お花2
Ⓑ 11cm×11cm‥‥6枚（白）
Ⓒ 11cm×11cm‥‥4枚（薄オレンジ）
お花3
Ⓓ 10cm×10cm‥‥5枚（黄緑）
Ⓔ 10cm×10cm‥‥4枚（薄黄緑）
◎太さ20号のワイヤー‥‥3本
◎フローラルテープ‥‥適量

❶ お花1をカットする

Ⓐの不織布を10枚重ねにし、両端をクリップなどで留めて4等分に折る。真ん中を1.5～2cmほどあけて折り線のとおりに切り込みを入れ、先端を写真のようにカットする。薄い紙なら、蛇腹折りしたあとにまとめてカットできる。

❷ お花2をカットする

Ⓑ、Ⓒの紙を、Ⓑを下にして10枚重ねにし、4等分に折る。❶と同様に切り込みを入れ、先端を写真のようにカットする。

❸ お花3をカットする

Ⓓ、Ⓔの紙を、Ⓓの黄緑を下にして9枚重ねにし、3等分に折る。❶と同様に切り込みを入れ、先端を写真のようにカットする。

❹ 蛇腹に折る

❶❷❸ともに、幅1cmくらいの蛇腹に折り、中央をワイヤーで巻いてねじって留める。ワイヤーは茎となるので、切らずに残しておく（片側は短く切っておく）。

❺ ワイヤーの端を隠す

ワイヤーの端（ねじってある部分）をフローラルテープを巻いて隠す。フローラルテープは伸ばしてから使う。

❻ 花を開く

P.10「不織布のお花の開き方」を参考に花を開く。

❼ 必要な数を作る

お花1を5個、お花2を5個、お花3を6個作る。お花3は、2～3色の緑系の濃淡の不織布を使って、組み合わせを変えて作ると、より本物らしく見える。

🍀 束ねて完成させる

材料
◎お花1‥‥5個
◎お花2‥‥5個
◎お花3‥‥6個
◎リボン
　‥‥お好みの長さ（緑）
◎花を束ねるためのワイヤー
　‥‥1本
◎フローラルテープ‥‥適量

❶ ボール型に束ねる

16本のお花を、ボール型になるように束ねる。位置が決まったらワイヤーを2、3周巻いて固定する。余分な長さをカットして、ケガのないよう曲げておく。

❷ 後ろから見た場合

後ろから見るとこのような感じになる。ワイヤーを巻いたところをフローラルテープで隠し、お花のワイヤーの長さをお好みの長さで切っておく。

❸ リボンを結ぶ

リボンを結んで完成。ウェディングで使用する場合や、お子様が持つ場合などは、お花のワイヤーをリボンでくるんでしまえば、ドレスに引っかかったりケガもなく安全。

実際のウェディングで撮影

実際のウェディングで花嫁さんにP.46の花かんむりとリストレットをつけてもらい、ブーケを持ってもらいました。会場の雰囲気と相まって、どの作品も自然に溶け込んでいるように見えます。

一昔前と違い、手作りウェディングが流行っている昨今。自分で作るのはもちろん、母から娘へプレゼントするのも素敵な思い出になるでしょう。会場でこんな風にサプライズで渡せば、感動の一コマになること間違いなしです！

プチさがおとなかわいい
ヒマワリのBrooch
ブローチ

Part.4 特別な瞬間のアクセサリー

🌼 ヒマワリと葉を作る

型紙：P.88 Ⓐ 3-1 ×3　P.90 Ⓑ 10-1 ×2

材料
※ヒマワリ1個分
◎用紙
Ⓐ 型紙3-1…3枚（黄）
Ⓑ 型紙10-1…2枚（緑）
Ⓒ 1.5cm×30cm…1枚（茶）

❶ 花びらを立ち上げる

Ⓐの紙を、花びらの付け根を折って立ち上げる。

❷ 花びらにカーブをつける

❶の花びらを外向きにカーブさせる（P.9「外巻き」参照）。

❸ 3枚を貼り重ねる

❷を3枚、中央に糊をつけて、写真のようにずらして貼り重ねる。

❹ フリンジ状に切る

Ⓒの紙を幅の短いほうの辺を半分に折り、折った状態のまま上数ミリを残して輪のほうから切り込みを入れていく。もう1枚も同様に切る。

❺ フリンジを巻く

フリンジをクルクル巻いて、巻き終わりを糊で留める。

❻ 花芯を貼る

フリンジを指でしごくように外側に広げ、お花の中心に貼る。

❼ 葉を作る

Ⓑを縦半分に折り、斜め上方向に折りたたんでから開く。

🌼 ブローチを作る

材料
◎ヒマワリ…1個
◎葉…2枚
◎柄ペーパー（1cm×11cm）…1枚
◎パール4mm…適量
◎ワイヤー…適量
◎ペットボトルキャップ…1個
◎レースリボン…30cm
◎ブローチピン…1個

❶ パール飾りを作る

ワイヤーにお好みの数のパールを入れ、付け根からねじる。

❷ ペットボトルキャップを飾る

柄ペーパーをペットボトルキャップの外周に合わせて切り、ボンドで貼る。

❸ ブローチピンをつける

ペットボトルキャップにブローチピンをつける。レースで作ったリボンを貼る。

❹ 葉とパールをつける

表からバランスを見ながら、花の裏に葉とパールをつけるとよい。

❺ お花にボンドをつける

❹で作ったお花の裏中心にボンドを多めにつける。

❻ 組み立てる

ペットボトルキャップのくぼみのほうにお花をつける。

❼ 完成させる

貼ったあと、手で丸みを整えて完成。

※パーティーなどで、集まったみなさんにプレゼント！ 大きいサイズなら式典を彩る胸章にも使えます。

実は帯留めにもピッタリ！
Kimono Accessories
和装小物

Part.4 特別な瞬間のアクセサリー

🍀 和装帯留め用のお花を作る

型紙：P.89 5-1 Ⓐ×2 Ⓑ×2 Ⓒ 4-1 ×4

材料
◎用紙
Ⓐ型紙5-1を50%に縮小
　…2枚（シルバー）
Ⓑ型紙5-1を30%に縮小
　…2枚（シルバー）
Ⓒ型紙4-1を30%に縮小
　…4枚（シルバー）
◎半パール（5mm）…3個

① 花びらをカーブさせる

Ⓐの紙2枚の花びらを外側に向けて斜めにカーブをつける。

② 2枚を貼り重ねる

①で作ったものを写真のように花びらをずらして貼り重ねる。

③ 残りのお花を作る

Ⓑでも同様にし、②に貼り重ね中央にパールを貼る。Ⓒの紙2枚ずつで2個のお花を作る。

🍀 和装帯留めを完成させる

材料
◎用紙
Ⓐ5cm×2cm
　…1枚（シルバー）
Ⓑ1cm×4cm
　…1枚（ケント紙などの厚紙）
◎帯留めの金具（使用する帯締めに合わせてお選びください）

① 厚紙を貼る

Ⓐの中心にⒷを貼り、写真のように四つ角をカットする。

② 厚紙を包む

厚紙を包むようにⒶののりしろに糊をつけて貼る。

③ 完成させる

厚紙が見える側の両端に小さい花を、中央に大きい花を貼る。反対側に帯留めの金具を強力両面テープで貼る。

🍀 和装ブローチを作る

型紙：P.88 Ⓐ 2-1 ×2 Ⓑ 2-2 Ⓒ 2-3 Ⓓ 2-4　P.90 Ⓔ 10-3 ×2

材料
◎用紙
Ⓐ型紙2-1…2枚（パール）
Ⓑ型紙2-2…1枚（パール）
Ⓒ型紙2-3…1枚（パール）
Ⓓ型紙2-4…1枚（パール）
Ⓔ型紙10-3
　…2枚（シルバー）
◎半パール（5mm）…7個
◎ポップアップ用のシールか厚紙など
◎ブローチ金具

① 花びらを立ち上げる

Ⓐ～Ⓓの紙をすべて、花びらの付け根を折って立ち上げる。

② 端を小さく巻く

①の花びらの先だけを真ん中から斜め外巻きにし、花びらの先を軽くつまむ。

③ お花を貼り重ねる

Ⓐから順に写真のように花びらが互い違いになるよう貼り重ねる。中心に半パールを7つ貼る。

④ 葉を作る

Ⓔをピンセットで中央を折り曲げ、丸箸などを使って左右へ外巻きにする（P.10「葉脈」参照）。

⑤ 葉をつける

④をずらして貼り合せ、正面からバランスを見ながら③の裏に貼る。

⑥ 完成させる

⑤の裏側にポップアップシールや厚紙を重ねたものを貼り、ブローチ金具を強力両面テープで貼る。

同様の作り方で型紙1-1（2枚）、1-2～1-4（1枚ずつ）、10-3（2枚）を使ってブローチを作ってみよう。1-2は、同じ大きさの紙で補強した和紙を使う。中央には直径7mmのパールを貼る。

型紙がなくてもペーパーフラワー♥
Quilling Accessaries
クイリングアクセサリー

Part.4 特別な瞬間のアクセサリー

🌸 フリンジリング

材料
◎用紙
Ⓐ1cm幅×25cm···1本（白）
◎指輪（15mm丸皿甲丸リング）

❶ フリンジを作る

Ⓐの紙をハサミでフリンジ状にカットし、ツールで巻いて開く（P.12「フリンジ」参照）。

❷ 指輪につける

フリンジを多用途糊で指輪に貼り付ける。

清楚な雰囲気の指輪が完成。

🌸 揺れるお花のピアス

材料
◎用紙
Ⓐ3mm幅×15cm ···12本（白）
Ⓑ5mm幅×12cm···2本（白）
◎ピアス（皿付フックピアス）···1組
◎ビーズ ···2個（シャンパンゴールド）

❶ お花を作る

Ⓐの紙でマーキーズを6個作り（P.12「マーキーズ」参照）、お花を作る。つまんだところを中心に糊をつけ、貼り合わせる。中央にビーズを貼る。

❷ フリンジを作る

Ⓑの紙で「フリンジリング」と同様のフリンジを作る。

❸ 完成させる

それぞれのピアスにフリンジとお花を付ける。

🌸 お花のネックレス

材料
◎用紙
（6枚弁のお花）
Ⓐ3mm×20cm···12本（白）
Ⓑ3mm×15cm···24本（白）
（5枚弁のお花）
Ⓒ3mm×15cm···10本（白）
◎ネックレス用チェーン45cm···1本
◎両穴パール直径6mm···2個
◎ビーズ ···1個（シャンパンゴールド）
◎丸カン（小）1.2×7mm···8個
◎丸カン（大）1.0×10mm···2個
◎9ピン0.6×15mm···2個

❶ 6枚弁のお花を作る

マーキーズ6個でお花を作る（P.12「マーキーズ」参照）。つまんだところを中心に糊をつけ、貼り合わせる。Ⓐの紙で2個（大）、Ⓑの紙で4個（中）作る。

❷ お花を上下に貼り合わせる

Ⓐの紙で作ったお花2個を花びらが交互に見えるように上下に貼り合わせ、中央にビーズをつける。

❸ 5枚弁のお花

Ⓒの紙で変形マーキーズを作り（P.13「変形マーキーズ」参照）、中心部に糊をつけ、貼り合わせてお花を2個作る。

❹ パーツを繋ぎ合わせる（丸カン）

丸カンを開き、パーツの隙間に通して丸カンを閉じる。

❺ パーツを繋ぎ合わせる（パールと9ピン）

両穴あきパールと9ピン。

穴に9ピンを通す。

パールから突き出た部分を丸めて丸カンが通るようにする。

※つなげる順番
チェーン→丸カン（小）→パール→丸カン（小）→6枚弁（中）→丸カン（小）
→6枚弁（中）→丸カン（小）→5枚弁→丸カン（大）→6枚弁（大）→丸カン（大）
→5枚弁→丸カン（小）→6枚弁（中）→丸カン（小）→6枚弁（中）→丸カン（小）
→パール→丸カン（小）→チェーン→［完成］

ピンクの小花の指輪

材料
◎用紙
Ⓐ3mm×5cm
　　　・・・15本（ピンク）
Ⓑ3mm×5cm
　　　・・・5本（薄ピンク）
Ⓒ3mm×5cm
　　　・・・10本（白）
◎指輪（8mm貼付甲丸リング）
◎直径2mm透明ラインストーン
　　　・・・3個

❶ 小花を作る

ティアドロップ5個でお花を作る（P.11「ティアドロップ」参照）。つまんだところを中心に糊をつけ、貼り合わせる。Ⓐの紙で3個、Ⓑの紙で1個、Ⓒの紙で2個作る。

❷ 小花を貼り合わせる

＜下段＞ピンク2個、白1個の小花を貼り合わせる。
＜上段＞ピンク1個、薄ピンク1個、白1個を同じように貼る。

❸ 完成させる

下段と上段を貼り合わせ、上段の小花の上にラインストーンを貼る。糊が完全に乾いたら、指輪に貼り付ける。

紫のハート付き指輪

材料
◎用紙
Ⓐ3mm×10cm・・・2本（紫）
Ⓑ3mm×20cm・・・2本（紫）
Ⓒ3mm×5cm・・・1本（紫）
Ⓓ3mm×20cm・・・1本（白）
Ⓔ3mm×15cm・・・1本（白）
Ⓕ3mm×5cm・・・1本（白）
◎指輪（15mm丸皿甲丸リング）

❶ ハートを作る

Ⓐの紙でティアドロップを2個作り、ハートになるよう貼り合わせる（P.11「ティアドロップ」参照）。

❷ タイトサークルを作る

Ⓑ～Ⓕの紙で大きさの違ったタイトサークルを6個作る（P.11「タイトサークルと基本パーツ」参照）。

❸ パーツを付ける

できあがったパーツをバランスよく指輪に貼り付ける。

雫の指輪・ピアス

材料
◎用紙
雫型用の紙・・・2枚（青、白）
（雫指輪）
Ⓐ3mm×15cm・・・1本（濃青）
Ⓑ3mm×10cm・・・2本（青）
Ⓒ3mm×10cm・・・1本（白）
Ⓓ3mm×5cm・・・1本（白）
（雫ピアス1個分）
Ⓔ3mm×10cm・・・1本（濃青）
Ⓕ3mm×10cm・・・1本（青）
Ⓖ3mm×5cm・・・1本（白）
◎指輪（8mm貼付甲丸リング）
◎ピアス（皿付フックピアス）

❶ 雫の土台を作る
雫型用の紙で写真のような形に青と白を1枚ずつ切り、少し上下にずらして貼り合わせる。指輪・ピアス用に何組か作る。

❷ 雫を作る

すべての紙をティアドロップにし（P.11「ティアドロップ」参照）、雫の土台に貼る。

❸ 指輪・ピアスにつける

指輪またはピアスに貼り付ける。

ピンクの小花の指輪

紫のハート付き指輪

雫の指輪・ピアス

COLUMN 作品を作る時、どのようにして色を選んでいますか？

カラーコンサルタント 神守けいこ
(http://www.keicolor.com)

無意識のうちに選んだ色。それには、どんな意味があるのでしょうか？
　その色を探っていくと自分の気持ちを感じ取ることができます。そして、その選んだ色に意識を向けながら作成することで色からのパワーを補給しています。実は、カラーヒーリングになっているのです。作品を作ることで心がスッキリしていく実感を持たれている方も多いのではないでしょうか。

　作品作りを通して自分自身の心がまず元気になる。そして、完成した作品でたくさんの人を魅了し、幸せな気持ちをプレゼントしているのが、クラフト作家さんなのだと私は感じています。そんなクラフト作家さんの作品づくりに色のチカラをプラスする色選びのコツをお伝えしたいと思います。

　使う色が違うだけで、与える印象が、大きく変わります。さらに、人に与える影響も変わってきます。
　例えば、赤、青、黄色のお花の作品では、大きく違いがあります。赤のお花からは、情熱や、エネルギーなどパワフルな印象を受けます。そして、実際に赤を見ることによって、生きる力を一歩踏み出す勇気がわいてくるという影響を与えます。青いお花からは、やさしさやクールで知的な落ち着いた印象を。そして、安らぎや沈静、安心感を与えます。黄色だと、幸福感や喜びを感じさせます。見る人を明るい気持ちにし、未来への希望がわいてきます。
　楽しくハッピーな気持ちになってほしい！という願いを込めて作るのであれば、青より黄色をオススメします。「ゆっくり休養してね」と興奮を促す赤い作品を贈ってしまっては、もらった相手は休養どころではありません。ただなんとなく色を選ぶよりも、用途に合わせて、贈る相手に合わせて、色選びをするという心遣いが、より素敵な作品作りに繋がります。

　作品のテーマや伝えたいメッセージから色を選ぶ際に、色の持つキーワードをヒントにしてみてください。
　作品を見る方にどのような気持ちになってほしいのか。伝えたいメッセージは何なのか。それを明確にして色選びをすると、想いと色とが一致します。そうすることで、あなたの作品は、さらに心を動かす特別なものとなります。誰かにとっての宝物になるのです。いつまでも大切に手元に置いてもらえる。そんな愛される作品づくりにぜひ色のチカラを取り入れてみてください。

毎日が宝物になる♪カラーカレンダー（カラーコンサルタント：神守けいこ考案）

　色のキーワードで作ったカレンダーです。色のキーワードをテーマにした毎日の作品作りのヒントにしてみてください。12月8日なら「マゼンタとゴールド」そのキーワードを合わせると「愛の輝き」。それぞれの色のキーワードを自由に組み合わせて、様々なメッセージを込めた作品を作ることができます。また、選んだ色には、どんなメッセージが隠されているのかを感じることもできます。あなたの作品が、誰かにとっての宝物になりますように♥

MONTH
1. レッド　…　情熱の
2. オレンジ　…　歓びの
3. イエロー　…　幸せの
4. シルバー　…　理想の
5. ブルー　…　平和の
6. ピンク　…　慈しみの
7. バイオレット　…　夢の
8. ゴールド　…　豊かさの
9. グリーン　…　調和の
10. ホワイト　…　神聖な
11. インディゴ　…　神秘の
12. マゼンタ　…　愛の

DAY
1. はじまり
2. 笑顔
3. 知性
4. 創造
5. 安心
6. 恋
7. こだわり
8. 輝き
9. 和み
10. 決断
11. 直感
12. 心遣い
13. パイオニア
14. 交流
15. 希望
16. 可能性
17. やさしさ
18. 愛しさ
19. 癒し
20. 価値
21. 成長
22. 純粋
23. 感性
24. 魅力
25. 勇気
26. 楽しみ
27. ユーモア
28. 未来
29. 安らぎ
30. 思いやり
31. 目標

Crafts to enjoy in the paper

楽しい!! ハンドメイドアクセサリー

型紙で楽しむクラフト

レジン&プラバン

Part.4 特別な瞬間のアクセサリー

レジンやプラバンでも楽しめる！

材料
- プラバン　1枚
- アクセサリーパーツ（金具）

道具
- サンドペーパー
- 油性マジック
- サインペン・除光液
- レジン液・LEDライト
- エンボスヒーター
- 穴あけパンチ

① 型紙をプラバンに写す

直接プラ板に油性マジックで型紙を写す。

② ハサミでカットする

写したプラ板をカットする。

③ 線を除光液でふき取る

除光液もしくはアルコールを含ませたペーパーで拭き取る。

④ 傷をつけて、穴をあける

カットしたプラ板にヤスリをかけて、穴あけパンチで金具を通すための穴をあける。

⑤ 好きな色を塗る

薄いかな？　と心配になる程度がちょうど良い。

⑥ 熱を与える

エンボスヒーターでプラバンに熱を与える。

⑦ レジン液を全体に塗る

色を塗った面にレジン液をまんべんなく塗る。

⑧ レジンを硬化させる

LEDライトもしくは太陽光でレジンを硬化させる。

⑨ 丸カンを付ける

丸カンをつける。

⑩ パーツを付けて完成

アクセサリーパーツをつけて出来上がり。

花びらを1枚1枚にしたら雫になる。

可愛い型紙を使って作るお花の切り紙。型紙をペーパーだけに活用を限定せず、最近注目のプラ板に活用すると、おもしろみのある立体工作に早変わりします。

Q 作ったお花と一緒に写真を写しました。どんなふうに飾ればいいですか？

A 変形ペーパーフレームが可愛らしさも思い出もUPしますね。おうちBOXフレーム（JPAオリジナルフレーム）にスタンプや切り紙のお花も一緒に飾るとプレゼントにも喜ばれそうです。

右掲載のおうちBOXペーパーフレームはネットショップでキット販売しております。

http://paper-art.jp

paper : Graphic 45　Time To Flourish Collection
stamp : Tim Holtz Cling Mounted Stamps - Reindeer Flight

耐水性バツグンなアレンジ

Japanese Hair Ornaments

和紙のかんざし

🌸 和紙のかんざしを作る

材料
◎和紙…数枚
◎レジン液
◎アクセサリーパーツ
◎箸(鉄木箸)
※型紙は好みのものをお使いください

道具
◎LEDライトor太陽光

❶ 材料

和紙は場所によって様々な色味が違うので気に入ったところを吟味する。

❷ 和紙をカットする

花びら・葉・花芯など必要量カットする。

❸ レジンを塗る

中央にレジン液を少量落とす。

❹ 隙間なく塗る

気泡を作らないように爪楊枝で薄く全体にレジン液を伸ばす。

❺ レジンを硬化させる

LEDライトもしくは太陽光でレジンを硬化させる。

❻ 鉄木箸を切る

長さ15センチのところでカットする。断面はヤスリをかける。

❼ パーツを付ける

❻で切った箸にバランス良く貼り付ける。

Part.5
世界に一つのインテリア＆ステーショナリー

想い出の一場面の必需品
ダリアの
Happy Wall Decoration
ハッピーウォールデコレーション

Part.5 世界に一つのインテリア&ステーショナリー

🌸 和紙風BIGダリアの作り方
型紙：P.88 Ⓐ 3-1

材料
※和紙風BIGダリア1個分
◎用紙
Ⓐ 型紙3-1を250%に拡大
Ⓑ B5サイズ薄紙（白）…2枚
Ⓒ 4.5cm×25cmの薄紙
　　　　　　　…2枚（白）
Ⓓ 直径2.5cmの丸い紙
　　　　　　　…1枚（白）

❶ 型紙を準備する

Ⓐの型紙を、写真の赤線で切り取り花びらの型紙にする。

❷ 紙を折る

Ⓑの紙の幅の短いほうの辺を半分に折る。さらに6等分になるように折る。

❸ 花びらを切る

❶で切った花びらの型を使ってⒷの紙2枚に写して切る。全部で24枚の花びらができる。

❹ 花びらを加工する

霧吹きなどを使って花びらを少し湿らせ、適当にしわ感が出るように加工する。

❺ 1段目の花びらを貼る

Ⓓの台紙に花びらの長さが揃うように注意しながら花びらを貼っていく。1段目は8枚の花びらを貼って完成。

❻ 2段目の花びらを貼る

❺の花びらと花びらの間に2段目の花びらを貼っていく。このとき1段目の花びらより1cm位内側にずらすようにする。8枚貼る。

❼ 花びらをカットする

残りの花びらを写真のように切る。

❽ 3段目の花びらを貼る

❼で切った花びらを❻にバランスを見ながら貼り合わせていく。

❾ フリンジ状に切る

Ⓒの紙を幅の短いほうの辺を半分に折り、折った状態のまま上数ミリを残して輪のほうから切り込みを入れる（P.12「フリンジ」参照）。2枚とも切る。

❿ ピンセットで巻く

❾のフリンジをピンセットにクルクル巻いて巻き終わりを糊で留める。もう1枚のフリンジもつなげて貼り、さらに巻きながら貼る。

⓫ お花を完成させる

フリンジを指でしごくように外側に広げ、裏側に糊をつけて❽の中央に貼る。花びらの先を指でつまんだり、しわ感を調整したりお好みのお花に加工して完成。

🌸 お花をたくさん作ってボードに貼る

材料
◎お花…必要数
◎ボード

❶ お花をたくさん作る

BIGダリア以外にも、本書の型紙を使って大小さまざまなお花を作る。ホワイト系で揃えれば、ウェディングにもぴったり。

❷ ボードに貼る

バランスを見ながらボードに貼っていき、ウォールデコレーションの完成。

ウェディングセレモニーで写真撮影の背景に大活躍。フォトプロップス（P.22参照）も準備するとよい。

お気に入りのカラーでワンポイント
梅と百日草の
Sweet Big Frame
スウィートビッグフレーム

BIGフラワー（百日草）の作り方

型紙：P.88 Ⓐ 1-1 ×2 Ⓑ 1-2

材料
※BIGフラワー1個分
◎用紙
Ⓐ型紙1-1を250%に拡大
　・・・1枚（濃ピンク）、1枚（紫）
Ⓑ型紙1-2を141%に拡大
　・・・1枚（紫）
Ⓒ2cm×30cm・・・2枚（白）

❶ 花びらを立てる

Ⓐの紙を、花びらの付け根を立ち上げてから丸箸と指を使って花びらの中央で写真のように持つ。

❷ 花びら（大）にカーブをつける

丸箸と指で紙をはさみ、中央から上へ紙をしならせながら丸箸を動かす。中央から下へも同様にしてカーブさせる。

❸ 花びら（小）にカーブをつける

Ⓑの花びらの付け根を折り立ち上げてから丸箸などで外巻きにする（P.9「外巻き」参照）。

❹ フリンジ状に切る
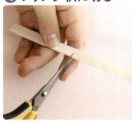
Ⓒの紙を幅の短いほうの辺を半分に折り、折った状態のまま上数ミリを残して輪のほうから切り込みを入れていく。もう1枚も同様に切る。

❺ ピンセットで巻く

フリンジをピンセットにクルクル巻いて、巻き終わりを糊で留める。もう1枚のフリンジもつなげて貼り、さらに巻きながら貼る。

❻ フリンジを広げる

フリンジを指でしごくように外側に広げる。

❼ お花を仕上げる

ⒶⒷⒸをすべて貼り合わせて完成。

BIGフラワー（梅）の作り方

型紙：P.88 Ⓐ 2-2 Ⓑ 2-4 Ⓒ 3-1 Ⓓ 3-3

材料
※BIGフラワー1個分
◎用紙
Ⓐ型紙2-2を250%に拡大
　・・・1枚（白）
Ⓑ型紙2-4を250%に拡大
　・・・1枚（白）
Ⓒ型紙3-1・・・1枚（白）
Ⓓ型紙3-3・・・1枚（白）

❶ 花びらを立てる

ⒶⒷの花びらの付け根をすべて立ち上げる。

❷ 花びらにカーブをつける

ⒶⒷの花びらを丸箸を使って外巻きにする。

❸ お花を貼り重ねる

Ⓐの花びらとⒷの花びらが互い違いに出るようにして糊をつけて貼り重ねる。

❹ 花芯を作る

Ⓒ、Ⓓの花びらに3本切り込みを入れる。

❺ 花芯にカーブをつける

破れないように注意しながら、❹の花芯を丸箸を使ってカーブさせる。

❻ 花芯を貼り合わせる

花芯が重ならないようにずらしながら糊で留める。貼ったあと、手で丸みを整える。

❼ パーツを貼り合わせる

❻を❸に貼りつけて完成。BIGフラワーを大小たくさん作って市販のフレームに貼る。

和にもピッタリなワンポイント
Wall decorations made of Japanese paper
和紙で作る百日草の壁飾り

🌸 和紙でBIGフラワー・小花を作る

型紙：P.88 Ⓐ 1-1×2 Ⓑ 1-2×3

材料
※BIGフラワー、小花それぞれ1個分
◎用紙
Ⓐ型紙1-1を250%に拡大
　　　　・・・2枚（ピンク）
Ⓑ型紙1-2を141%に拡大
　　　　・・・3枚（茶）
Ⓒ2cm×30cm
　　　　・・・4本（ピンク）

❶ BIGフラワーを作る

BIGフラワー（百日草）の作り方（P.65）を参照。必要数作る。

❷ 小花を作る

BIGフラワー（百日草）の作り方（P.65）の❸～❻を参照し、必要数作る。

Part.5 世界に一つのインテリア&ステーショナリー

❁ アイビーを作る

型紙：P.89 Ⓐ 9-1 ×必要数

材料
◎用紙
Ⓐ型紙9-1を163％に拡大
　　　…必要数（緑）
◎地巻きワイヤー22号
　　　…必要数（緑）

❶ 葉に折り目をつける

アイビーの葉を半分に折り、折り目をつける。

❷ 葉脈をつける

ピンセットの先を❶で折った折れ線に合わせてはさみ、親指で押さえる。そのままピンセットをねじって葉脈をつける。

葉脈の付け方（参考）

ピンセットのはさみ方によって様々な葉脈ができる。

❸ 両面テープを貼る

茎の裏側に両面テープを貼る。

❹ ワイヤーに葉を貼る

ワイヤーの先が表から見えないように注意して❸のテープ部分をワイヤーに巻きつけながら貼る。

❺ 葉の裏側の処理

❹で貼った裏側のワイヤー部分に紙を貼る。

❻ アイビーを仕上げる

❹で貼った茎の部分が見えないように注意しながらほかの葉も同様に貼っていく。

❁ 和紙フレームを作る

材料
◎お好みの大きさ・形のチップボード
◎和紙（チップボードの表と裏に貼れるサイズ。表側になるほうは一回り大きく切る）

❶ シワ感をつける

和紙を手で丸めシワ感をつける。

❷ シワ感の調整

❶を開いてシワ感を確認し、お好みのシワ感になるまで❶を繰り返す。

❸ 糊の調合

木工用ボンドに霧吹きなどを使いながら少しずつ水を加え、糊の調合をする。水が多すぎるとうまく貼れないので、様子を見ながら混ぜ合わせる。

❹ 和紙を台紙に貼る

刷毛や筆を使って、チップボードに❸の糊を塗付する。表側の和紙を貼る。

❺ 裏側にも貼る

❹で余った部分の和紙を裏側に折り返し、❸の糊を使って貼っていく。裏側にも同様にもう1枚の和紙を貼る。

❻ フレームの調整

フレームの淵を指でつまみながら整える。

❼ フレームの完成

水分を乾かしてフレームの完成。作ったお花を好きなように配置し、糊で貼って和紙フレームを飾り付けする。

サークルフレームでもスクエアフレームでも共に作り方は同様。チップボードをお好みの形に切って自分なりのフレームを作ってみよう。

Part.5 世界に一つのインテリア&ステーショナリー

❀ ボール型パーツを作る

材料
※ボール型パーツ1個分
◎用紙
Ⓐ直径10cm程度の円
　　　・・・8枚（クリーム）

❶ 円を8枚切る

少し厚めの紙に、コンパスなどを使って直径10cm程度の円を描き、それを型紙にして8枚同じ色で円を切る。

❷ パーツを作る

❶で切った円形の紙を半分に折り、4枚を糊で貼り合わせ、半球のパーツを作る。

❸ 必要な数を作る

半球2個で1つのパーツになる。大（直径10cm）を5個、中（直径8cm）を11個、小（直径5cm）を21個分、パーツを作る。

❀ ハート型パーツを作る

型紙：P.92　Ⓐ 23-1＋23-2×2　Ⓑ 23-2＋23-3×4
　　　　　　Ⓒ 23-3＋23-4×2　Ⓓ 23-3×4　Ⓔ 23-4×4

材料
◎用紙
Ⓐ型紙23-1＋23-2・・・2枚（赤）
Ⓑ型紙23-2＋23-3
　　・・・（赤・ピンク）各2枚
Ⓒ型紙23-3＋23-4・・・2枚（赤）
Ⓓ型紙23-3
　　・・・（赤・ピンク）各2枚
Ⓔ型紙23-4
　　・・・（赤・ピンク）各2枚

❶ 型紙を作る

Ⓐ、Ⓑ、Ⓒは、大きいハートの内側を、一回り小さいサイズのハートでくりぬいて型紙を作る。

❷ ハートをカットする

❶で作った型紙を使って、必要枚数ハートをカットする。2枚で1つのパーツになる。

❸ 組み合わせる

❷でカットしたハートを、大きいハートの中に小さいハートを入れたりして組み合わせる。

❀ 完成させる

材料
◎ボール型パーツ大・・・5個
◎ボール型パーツ中・・・11個
◎ボール型パーツ小・・・21個
◎ハートパーツ・・・6個
◎ひも・・・20m程度

❶ 配置を決める

ひもを1本約1.5mに9本切る。そのうち8本を縦に並べ、その上に作ったパーツを並べ、大きさや色のバランスを見ながら配置を決める。

❷ パーツを貼る

配置が決まったら、各パーツの裏に糊をつけ、ひもをはさむようにして貼付けていく。ハートも同様に、2枚でひもをはさむように貼る。

❸ つり下げ用のひもをつける

パーツを貼り、糊が乾いたら、残り1本のひもにパーツのついたひもを結び付ける。

キュートな気球のハンギングデコレーション

❶型紙P.92/23-4（ハート）を3枚、P.93/26（丸）を6枚、お好みの色で用意し、全て半分に折って貼り合わせていく。最後の貼り合わせだけ貼らずに残しておく（後から紐を貼る）。
❷P.25「お花を2種類作る」を参考に、2種類を2個ずつ作る（紐をはさんで背中合わせに貼るため）。
❸型紙P.91/18（蝶・大）を70％に縮小したものを2枚、P.91/19（蝶・小）を86％に縮小したものを4枚用意し、写真のように蝶を大小組み合わせたり、エンボスしたりパールを貼ったりする。
❹写真を参考に紐に貼り付ける。お好みの本数を作る。

窓辺にもエレガントをハンドメイドで

お花の Curtain Tassel
カーテンタッセル

🌸 クリップカーテンタッセル　型紙：P.88　Ⓐ 1-1×6　Ⓑ 1-2×4　P.90　Ⓒ 10-3×10

材料
◎用紙
Ⓐ型紙1-1‥‥3枚×2（ピンク）
Ⓑ型紙1-2‥‥2枚×2（ピンク）
Ⓒ型紙10-3‥‥5枚×2（緑）
Ⓓ20cm×1cm‥‥1本×2（ピンク）
Ⓔ30cm×5mm‥‥2本×2（緑）
Ⓕ直径3cmの円形の紙‥‥1枚×2
◎ポップアップシール1枚×2
◎半円パール‥‥1個×2
◎リボン（26cm）‥‥1本×2
◎パールチェーン・リボン
‥‥2本ずつ×2（お好みで）

① 花びらをカーブさせる

Ⓐの紙3枚の花びらに、丸箸などで内側にカーブをつける（P.9「内巻き」参照）。

② 3枚を貼り重ねる

花びらが互い違いになるようにずらして3枚を貼り重ねる。

③ 花びらをカーブさせる

Ⓑの紙2枚の花びらを外側にカーブさせる（P.9「外巻き」参照）。

Part.5 世界に一つのインテリア&ステーショナリー

❹ **2枚を貼り重ねる**

❸を花びらをずらして2枚を貼り重ねる。

❺ **ⒶとⒷを貼る**

ポップアップシール（厚紙で代用可）をⒶに貼り、その上にⒷをのせる。

❻ **ポップアップツールを作る**

Ⓓの紙をピンセットにはさんでクルクル巻き、巻き終わりを糊で留める。

❼ **リボンとパールをつける**

お花の中央に❻で作ったポップアップツールをのせ、その上に蝶結びにしたリボン、パールを貼り重ねる。

❽ **ぶら下がる飾りを作る**

Ⓔの紙をピンセットでクルクル巻いて斜めに引き出す（2本作る）。

❾ **葉をカーブさせる**

Ⓒの紙を5枚、半分に折ってから丸箸などで左右を外側にカーブさせる。

❿ **葉を貼る**

❽で作ったもの2本に、葉を5枚貼る。

⓫ **円形の紙に貼る**

円形の紙に❿で作ったものやパールチェーン、リボンを両面テープで留める。その上に❼で作ったお花を貼る。

⓬ **グルーガンを使う**

お花はグルーガンを使うとしっかり貼れる。

⓭ **クリップに貼る**

できあがったものをグルーガンでクリップに貼る。補強のために厚手の紙またはフェルトなどでクリップとお花を固定する。同じものを全部で2つ作る。

P.46のラナンキュラスをカーテンタッセルにしてもオシャレ。

花束風カーテンタッセル

❶型紙P.88/1-2（ピンクを2枚）と1-3（クリームを2枚）を写真を参考にカーブさせ、4枚を貼り重ねる。パールを真ん中に貼る。

❷型紙P.89/6（緑を1枚）を、それぞれの葉の真ん中を折ってから左右外側にカーブさせる。中央に小さな穴をあけ、P.40「胡蝶蘭の花を作る」を参考にワイヤーをつける。ボンドが乾いてきたら、❶のお花を貼る。2つ作る。

❸型紙P.88/3-4（白を2枚）と3-5（白を1枚）を、写真のように花びらに筋を付けて貼り重ね、真ん中に20cm×1cmの黄色の紙で作ったフリンジ（P.12「フリンジ」参照）を貼る。葉の変わりに小さく四角く切った白い紙にワイヤーをつけ、お花を貼る。2つ作る。

❹お花4本をワイヤーで固定し、4本の茎をまとめてフローラルテープで下まで巻いていく。

❺白いリボンの上にパールチェーンを縦において、一緒に結ぶ。

❻カーテンに巻くためのリボンをワイヤーの間にはさむように入れ、強力タイプの両面テープでワイヤーに固定し、数センチに切ったリボンをその上から貼ってできあがり。

ペーパーフラワーだからできる強みカラーのリース
夢が叶うブルーローズの
Flower Wreath
フラワーリース

Part.5 世界に一つのインテリア&ステーショナリー

🌸 バラを作る

型紙：P.89 Ⓐ 5-1×10 Ⓑ 4-1×20 Ⓒ 4-2×10

材料
◎用紙
Ⓐ型紙5-1…2枚×5個（水色）
Ⓑ型紙4-1…4枚×5個（水色）
Ⓒ型紙4-2…2枚×5個（水色）

❶ お花の中心部を作る

Ⓐの紙2枚の花びらを丸箸などで写真のように真ん中から斜め内側へカーブをつける。

❷ 接着剤をつける

1枚だけ印の位置に糊をつける。

❸ 花びらを貼り合わせる

写真のように貼る。

❹ 2枚を貼り合わせる

❸の底に糊をつけ、もう1枚の花びらに貼る。

❺ 包み込むように貼る

❸を包み込むように貼る。

❻ 花びらをカーブさせる

Ⓑの紙4枚の花びらを付け根から立ち上げてから、内側にカーブをつける。

❼ 先を小さく巻く

さらに先のほうを小さく斜め外側にカーブをつける。

❽ 中心部を貼り合わせる

❺の底に糊をつけ、Ⓑの花びら1枚目に貼る。

❾ 中心部を包むように貼る

中心部を包み込むように貼る。

❿ 2枚目を貼る

Ⓑの紙の2枚目を❾と同様に花びらをずらして包み込むように貼る。

⓫ 3枚目以降も貼る

3枚以降も花びらをずらしながら貼る。

⓬ 外側の花びらを作る

Ⓒの紙2枚の花びらを付け根から立ち上げてから、外側へカーブをつける。

⓭ 2枚作る

Ⓒの花びらは、⓬の手順で写真のようになる。2枚目も同様にカーブをつける。

⓮ 貼り合わせる

⓫の底に糊をつけ、Ⓒの花びら1枚目に貼る。

⓯ さらに貼り合わせる

もう1枚の花びらをずらして貼る。

⓰ 仕上げる

底の部分や付け根の部分を少し押さえて形を整える。

⓱ 数を作る

同じように全部で5つ作る。

ホームセンターなどで売られている斜め格子のフレームに、本ページのバラと次ページの白い小花をちりばめてみた。葉はP.89/9-3とP.90/10-1を使用。窓辺に置いても壁に飾っても素敵。

白いお花を作る

型紙：P.88 Ⓐ 3-4 ×20 Ⓑ 3-5 ×20

材料
◎用紙
Ⓐ型紙3-4…2枚×10個（白）
Ⓑ型紙3-5…2枚×10個（白）
◎直径4mmの半円パール
　…10個（白）

❶ 花びらをカーブさせる

Ⓐの紙の花びらを付け根から立ち上げ、外側にカーブをつける（P.9「外巻き」参照）。

❷ 先を小さく巻く

❶の花びらの先だけを内側にカーブさせる。

❸ 2枚作る

全部で2枚作る。

❹ お花の中心部を作る

Ⓑの紙の花びらを折り上げずに内側にカーブをつけ（P.9「内巻き」参照）、1枚だけ先のほうを外側にカーブさせる。

❺ お花の中心部

Ⓑの紙2枚は、❹の手順で写真のようになる。

❻ 貼り合わせる

❸、❺を花びらが互い違いになるように貼り合せ、中心にパールを貼る。

❼ 必要数を作る

全部で10個作る。

クリーム色のお花を作る

型紙：P.88 Ⓐ 1-3 ×20 Ⓑ 1-4 ×10

材料
◎用紙
Ⓐ型紙1-3
　…4枚×5個（クリーム）
Ⓑ型紙1-4
　…2枚×5個（クリーム）

❶ お花をカーブさせる

Ⓐの紙の花びらを丸箸などで3枚ずつ外側、内側に交互にカールさせる。

❷ 外側の2枚を作る

❶で作ったものをもう1枚作る。

❸ 外側のもう2枚を作る

Ⓐの紙の残り2枚を写真のようにランダムにカーブさせる。

❹ 4枚を貼り重ねる

❷と❸をそれぞれ花びらをずらして貼り合わせ、さらにその2つを貼り重ねる。

❺ お花の中心部を作る

Ⓑの紙の2枚をそれぞれ半分に折り、糊をつけて貼り合わせる。

❻ 花びらを立ち上げる

❺の花びらを貼り合わせたところが底になるように付け根から立ち上げる。

❼ 中心部をカーブさせる

❻の花びらを下のほうは下向きに、上のほうはランダムにカーブさせる。

❽ つまんで小さくする

❼をつまんで形を整える。

❾ 中心部を貼り合わせる

❹の中心部に❽を貼る。

❿ 必要数を作る

同じように全部で5つ作る。

Part.5 世界に一つのインテリア&ステーショナリー

❀ 葉を作る

型紙：P.90　Ⓐ 10-2 ×数枚　Ⓑ 10-3 ×数枚

材料
◎用紙
Ⓐ型紙10-2…数枚
Ⓑ型紙10-3…数枚

❶ 中心線を作る

葉の中心をピンセットではさみ、折って筋をつける。

❷ 葉脈をつける

❶でつけた中心線から左右斜めに筋をつける。

❸ 数を作る

使いたい枚数を同じように作る。

❀ リースに飾る

材料
◎バラ…5個
◎白いお花…10個
◎クリーム色のお花…5個
◎葉…16〜18枚
◎リース 直径18cm…1個
◎リボン 幅1cm
　　　　…40cm程度

❶ バラを貼る

グルーガンでバラを均等に貼っていく。

❷ クリーム色の小花を貼る

次にクリーム色の小花を貼っていく。

❸ 白いお花を貼る

最後に白いお花を貼っていく。

❹ 葉を貼る

すべてのお花をつけ終わったら、バランスを見ながら葉を貼っていく。

❺ リボンをつける

上になる部分に壁掛け用のリボンを通して結ぶ。

❻ 完成

色違いをいくつか作って並べてもオシャレ

バラのブローチ

　一つあるだけで華やかになるバラを、いろいろな作品に応用してみよう。写真は、P.51に掲載のペットボトルキャップを使ったブローチのお花違い。元気なヒマワリに対し、こちらは少し落ち着いた感じの印象。バラの作り方はP.73「バラを作る」と同様だが、色を変えただけでも雰囲気がだいぶ違ってくる。ちょっとしたプレゼントにしても喜ばれそう。

飾るなら一段とステキな技を取り入れて

Flower Craft & Scrapbooking

フラワークラフト＆スクラップブッキング

Part.5 世界に一つのインテリア&ステーショナリー

🌸 白いお花(1)を作る

型紙：P.88 Ⓐ 3-5 ×2 Ⓑ 3-4 ×2 Ⓒ 3-3 ×2

材料
※白いお花(1)1個分
◎用紙
Ⓐ型紙3-5···2枚(白)
Ⓑ型紙3-4···2枚(白)
Ⓒ型紙3-3···2枚(白)
◎半パール···1個

❶ 花びらをつまむ

Ⓐ～Ⓒの花びらの先をつまむ。

❷ お花を貼り重ねる

下からⒸ2枚、Ⓑ2枚、Ⓐ2枚の順に、花びらが互い違いになるように貼り重ねていく。

❸ パールをのせる

パールをのせてできあがり。

🌸 水色のお花(1)を作る

型紙：P.88 Ⓐ 3-5 ×2 Ⓑ 3-4 ×2

材料
※水色のお花(1)1個分
◎用紙
Ⓐ型紙3-5···2枚(水色)
Ⓑ型紙3-4···2枚(水色)
◎パールビーズ···1個

❶ Ⓐの紙に筋をつける

Ⓐの紙は花びらを1枚切り落として、写真のように切り込みを入れ、花びらに筋をつける(P.9「花びらに筋を入れる」参照)。

❷ Ⓑの紙に筋をつける

Ⓑの紙も花びらにピンセットを使って筋をつける。

❸ ⒶⒷを貼り重ねる

Ⓐの紙は、切り落とした花びらのすぐ下に糊をつけ、となりの花びらの後ろに貼り付けて立体にする。ⒶⒷそれぞれ2枚を花びらをずらして貼り合わせ、さらに2組を貼り重ねる(Ⓑが下)。真ん中にビーズをのせてできあがり。

🌸 白いお花(2)を作る

型紙：P.88 Ⓐ 3-5 Ⓑ 3-4 ×2 Ⓒ 3-3 ×2

材料
※白いお花(2)1個分
◎用紙
Ⓐ型紙3-5···1枚(クリーム)
Ⓑ型紙3-4···2枚(白)
Ⓒ型紙3-3···2枚(白)
Ⓓ1cm×15cm···1本(黄色)

❶ 花びらをカーブさせる

Ⓐの紙を、内外好きな方向にカーブさせる。ⒷⒸは外巻きにする(P.9「外巻き」参照)。

❷ フリンジを作る

半分に折った紙の輪になっているほうに切り込みを入れていく。ピンセットではさんで端からくるくる巻き、巻き終わりに糊をつけて留める(P.12「フリンジ」参照)。

❸ 貼り合わせる

下からⒸⒷⒶの順にお花を貼りあわせ、❷で作ったフリンジを上に貼ってできあがり。

🌸 風船を作る

型紙：P.93 Ⓐ 28 ×6

材料
※風船1個分
◎用紙
Ⓐ型紙28(40%に縮小)
　　　···6枚(好みの色)
◎ワイヤー···1本(白)

❶ 下の部分を切り落とす

風船の下の部分を5枚切り落とす。

❷ 半分に折る

❶を半分に折る。

❸ 貼り付ける

土台の風船に❷を貼り合わせてできあがり。小さい風船は、型紙を30%に縮小して作る。

77

ラベンダーを作る

型紙：P.90 Ⓑ—15

材料
※ラベンダー1本分
◎用紙
Ⓐ 2cm×10cm…1枚（紫）
Ⓑ 型紙15…1枚（緑）
◎ワイヤー…1～2本

❶ 茎を作る

ワイヤー1本では細い場合は、2本のワイヤーをねじり1本の茎にする。

❷ フリンジ状に切ってワイヤーに貼る

Ⓐをダブルフリンジにし（P.12参照）、ワイヤーの先端に糊で貼る。

❸ らせん状に巻く

らせんを描くように、下へずらしながら巻いていく。

❹ 巻き終わりを貼る

巻き終わりを貼り付けて、花の部分の完成。

❺ 葉をつける

ラベンダーの茎（ワイヤー）にⒷを巻き糊で貼る。

❻ 形を整えて完成

形を整えて完成。

フェンス、タイトルプレート、蝶を作る

型紙：P.92 Ⓒ 20-1 20-2　P.91 Ⓓ 🦋×3 Ⓔ 🦋×5

材料
◎用紙
Ⓐ 1cm×15cm…2枚（白）
Ⓑ 1cm×5cm…7枚（白）
Ⓒ 型紙20-1、20-2を80％に縮小
　　…各1枚（緑、白）
Ⓓ 型紙19を40％に縮小
　　…3枚（白、薄いブルー）
Ⓔ 型紙19を30％に縮小
　　…5枚（ピンク、オレンジ、黄）
◎文字『HAPPY』

❶ 縦フェンスを作る

Ⓑの片側を三角になるように切る。同じものを7個作る。

❷ フェンスを仕上げる

Ⓐの紙2枚を、1.5cmの間隔をあけて上下に置き、❶で作ったものを端から1cm間隔で貼り付けて完成。

❸ 文字を切り取る

『HAPPY』の文字をパソコンで打って画用紙などに印刷し、文字の大きさで切り取る。好きな言葉を直接プレートに手書きしてもよい。

❹ タイトルプレートを作る

Ⓒの大きいほうのプレート（緑）の上に、小さいプレート（白）を貼り合わせ、❸で切り取った文字を貼り付ける。

❺ 蝶を作る
Ⓓの蝶の上にⒺの蝶を貼り合わせたものを2個作り、残りの蝶は1枚のまま使う。

白いお花(3)を作る

型紙：P.88 Ⓐ 3-5×3

材料
※白いお花(3)1個分
◎用紙
Ⓐ 型紙3-5…3枚（白）
◎パール…1個（ピンク）

❶ 花びらを立てる

Ⓐの花びらの付け根を立ち上げる。

❷ カーブさせる

丸箸を使って様々なカーブをつける。P.77「白いお花(1)を作る」のように、花びらをつまんだりしてもよい。

❸ 3枚を重ねてパールを貼る

お花3枚をずらして貼り重ね、中央にピンクのパールを貼る。

Part.5 世界に一つのインテリア&ステーショナリー

❀ 水色のお花(2)を作る

型紙：P.88 Ⓐ 3-4 ×3 Ⓑ 3-5 ×2

材料
※水色のお花(2)1個分
◎用紙
Ⓐ型紙3-4・・・3枚（水色）
Ⓑ型紙3-5・・・2枚（水色）
◎パール（直径1.5cm）
　　・・・1個（ピンク）

① 花びらを立て、カーブさせる

ⒶⒷの紙を全て、花びらを付け根から立ち上げて様々なカーブをつけ、それぞれずらして貼り重ねる。

② 大小のお花を貼り重ねる

ⒶⒷのお花をずらして貼り重ねる。

③ 中央にパールを貼る

お花の中央にピンクのパールを貼る。

❀ ピンクのお花を作る

型紙：P.88 Ⓐ 1-4 ×3

材料
※ピンクのお花1個分
◎用紙
Ⓐ型紙1-4・・・3枚（ピンク）
◎パール（直径1cm）
　　・・・1個（白）

① 花びらをカーブさせる

丸箸を使って花びらをへこませるようにカーブをつける。

② お花を貼り重ねる

3枚のお花をずらして貼り重ねる。

③ 中央にパールを貼る

お花の中央にパールを貼る。

❀ 蝶を作る

型紙：P.91 Ⓐ 19 Ⓑ 19

材料
◎用紙
Ⓐ型紙19を80%に縮小
　　・・・1枚（薄い白）
Ⓑ型紙19を80%に縮小
　　・・・1枚（厚い白）
◎パール（直径2mm）
　　・・・9個（白）

① 蝶を2枚作る

厚みの異なる白の用紙で蝶を2枚作る。

② 蝶を重ね合わせる

薄紙の蝶の真ん中に糊をつけて厚紙の蝶の上に重ね、羽部分を折って浮かす。

③ 羽と中央にパールを貼る

左右の羽に3個ずつ、中央に3個、パールを貼る。

❀ 文字プレートを作る

材料
◎用紙
Ⓐ1cm×5.5cm・・・1枚（白）
Ⓑ1.2cm×10cm
　　・・・1枚（水色）

① 文字プレートを作る

Ⓐに好きなタイトルを手書きし、Ⓑのペーパーに貼る。Ⓑのペーパーは両端に写真のように切り込みを入れる。

② 文字プレートを形づける

作った文字プレートの両端を写真のように折り、全体に丸みを帯びるように形づける。

③ ボードにレイアウトする

ボードにレイアウト（完成）する。

　P.77〜79でご紹介したお花や風船、タイトルプレート、フェンス、蝶を使って、お気に入りの写真を飾ってみましょう。初心者の方は配置やバランスが難しいと思いますので、P.76の4つの作品を参考にしてください。
　また、P.23に紙のリボン、P.28にはチューリップの作り方が載っていますので、お好みの大きさに縮小して写真を彩ってください。

想いが伝わるおもてなし

クイリングで Welcome Board
ウェルカムボード

Part.5 世界に一つのインテリア＆ステーショナリー

❀ Welcomeボードを飾る（ピンク）

材料
◎用紙
（6枚弁のお花）
Ⓐ 5mm×15cm・・・12本（白）
Ⓑ 5mm×7.5cm・・・12本（白）
Ⓒ 5mm×7.5cm
　　　　・・・18本（ピンク）
Ⓓ 3mm×6cm
　　　　・・・18本（濃ピンク）
（フリンジ）
Ⓔ 5mm×15cm
　　　　・・・3本（ピンク）
（くるりん飾り）
Ⓕ 5mm×10cm・・・2本（白）
Ⓖ 5mm×7cm・・・2本（白）
（葉）
Ⓗ 5mm×10cm・・・2本（白）
Ⓘ 17mm×7cm・・・1枚（厚紙）
Ⓙ 17mm×7cm
　　　　・・・1枚（ピンクの画用紙）
◎リボン・・・約40cm

❶ 6枚弁のお花を作る

ⒶⒷⒸⒹの紙を使って、ティアドロップ6個でお花を作る（P.11「ティアドロップ」参照）。つまんだところを中心に糊をつけ、貼り合わせる。白（大）2個、白（中）2個、ピンク3個、濃ピンク3個を作る。

❷ 葉を作る

Ⓗの紙で葉（P.12「マーキーズ」参照）を2個作る。

❸ くるりん飾りを作る

ⒻとⒼの紙でくるりん飾りを作る。紙をしごいてなめらかなカーブを作ってから、途中までツールで巻く。

❹ フリンジフラワーを作る

Ⓔの紙をハサミでフリンジ状にカットして巻いて開く（P.12「フリンジ」参照）。3個作る。

❺ 完成させる

ⒾとⒿの紙を貼り合わせ、穴あけパンチで穴をあけてリボンを通して結ぶ。「Welcome」の文字は、パソコンで打ったものを切りとるか、手書きしてもよい。P.80の作品写真を参考に、作ったパーツを貼っていく。

❀ Welcomeボードを飾る（ブルー）

材料
◎用紙
（6枚弁のお花）
Ⓐ 3mm×15cm・・・6本（青）
Ⓑ 3mm×12cm・・・6本（白）
Ⓒ 3mm×10cm・・・12本（青）
（羽）
Ⓓ 3mm×20cm・・・2本（白）
（タイトサークル）
Ⓔ 3mm×10cm・・・2本（白）
Ⓕ 16mm×11cm
　　　　・・・1枚（白い厚紙）
Ⓖ 10mm×15cm
　　　　・・・1枚（青い画用紙）

❶ 6枚弁のお花を作る

ⒶⒷⒸの紙を使って、マーキーズ6個でお花を作る（P.12「マーキーズ」参照）。つまんだところを中心に糊をつけ、貼り合わせる。青（大）の上に白を貼り合わせる。

❷ タイトサークルを作る

Ⓔの紙でタイトサークルを2個作る（P.11「タイトサークル」参照）。

❸ 羽を作る

Ⓓの紙を使って、紙を半分に折りハートを作る（P.12「ハート」参照）。渦の部分をずらして羽の形にする。

❶〜❸で作ったパーツとⒻⒼの紙を使って、ブルーのWelcomeボードを仕上げてみよう。黄色で作っても可愛い。

クイリングなら何でも思い通り
Succulents & Sweets
多肉植物 & スウィーツ

🍀 多肉植物（大）

材料
◎用紙
（フリンジ小花）
Ⓐ5mm×10cm…1本（黄色）
（土）
Ⓑ5mm×5cm
　…適量（赤茶、茶、こげ茶）
（多肉植物:花）
Ⓒ3mm×15cm…12本（モスグリーン）
Ⓓ3mm×15cm…5本（モスグリーン）
Ⓔ3mm×15cm…6本（モスグリーン）
Ⓕ3mm×10cm…4本（モスグリーン）
（多肉植物:玉）
Ⓖ3mm×15cm…15本程度（緑）
◎容器…1個
◎紙ねんど…適量

❶ 土を敷き詰める

Ⓑの紙でタイトサークルを作り（P.11「タイトサークルと基本パーツ」参照）、紙ねんどを容器に詰めた上に敷き詰める。

❷ お花を作る

Ⓒの紙を使って、マーキーズで6枚弁の花を2個作り、上下に貼り合わせる（P.12「マーキーズ」参照）。その上にⒹの紙で作った小さなマーキーズをのせていく。同様に、ⒺとⒻの紙を使って、小さめのお花を作る。

❸ 玉とフリンジを作る

Ⓖの紙をグレープロールにし（タイトサークルを作ってから、指で中央を押してドーム型にする）、Ⓐの紙でフリンジフラワーを作る。❶で作った土台に、各パーツをアレンジして貼り、完成させる。

Part.5 世界に一つのインテリア&ステーショナリー

🌸 多肉植物（小）

材料
◎用紙
(植木鉢)
Ⓐ3mm×45cm・・・2本(白)
(植木鉢の中)
Ⓑ3mm×45cm・・・1本(茶)
(土)
Ⓒ3mm×2.5cm・・・適量(茶)
(多肉植物)
Ⓓ3mm×45cm・・・4本(モスグリーン)
(フリンジフラワー)
Ⓔ3mm×10cm・・・1本(黄色)

❶ 植木鉢を作る

Ⓐの紙を2本貼り合わせ、グレープロール（タイトサークルを作ってから、指で中央を押してドーム型にする）を作り植木鉢の形に整える。

❷ 土を作る

植木鉢の底上げにⒷの紙を基本パーツにし、その上にⒸの紙で作ったタイトサークルを敷き詰める（P.11「タイトサークルと基本パーツ」参照）。

❸ 多肉植物を作る

Ⓓの紙を2本つなげ、グレープロールにして半分につぶす（2個）。Ⓔの紙でフリンジを1個作る。❷で作った土台にパーツを貼り、完成させる。

🌸 どんぐり

材料
◎用紙
(どんぐり:大)
Ⓐ3mm×43cm・・・2本(茶)
Ⓑ3mm×45cm・・・2本(こげ茶)
(どんぐり:小)
Ⓒ3mm×40cm・・・2本(茶)
Ⓓ3mm×42cm・・・2本(緑)

❶ どんぐりを作る

Ⓐを2本つなげてグレープロール（タイトサークルの中央を押してドーム型にする）にし、どんぐりの形に整える。

❷ 帽子を作る

Ⓑの紙を2本つなげてグレープロールにし、帽子の形に整えてどんぐりと貼り合わせる。

❸ 帽子の先を作る

3mm幅の紙を縦に何本かカットし、帽子の先端に貼り付ける。ⒸとⒹの紙で、どんぐりを作る。

🌸 プリンアラモード

材料
◎用紙
(プリン)
Ⓐ3mm×45cm・・・2本(茶)
Ⓑ3mm×45cm・・・1.5本(クリーム)
(さくらんぼ)
Ⓒ3mm×10cm・・・1本(赤)
Ⓓ細くカット・・・1本(緑)
(りんご)
Ⓔ3mm×5cm・・・1本(クリーム)
Ⓕ3mm×5cm・・・1本(赤)
(オレンジ)
Ⓖ直径8mmの円・・・1枚(オレンジ)
Ⓗ直径7mmの円・・・1枚(黄)
Ⓘ1cm×1cm・・・1枚(薄黄色)
(皿)
Ⓙ3mm×45cm・・・5本(白)

❶ プリンを作る

ⒶⒷの紙を貼り合わせ、茶色から巻いてから、グレープロール（タイトサークルを作ってから、指で中央を押してドーム型にする）を作り、プリンの形にする。

❷ さくらんぼを作る
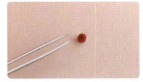
Ⓒの紙でグレープロールを作り、細長くカットしたⒹの紙を中央に貼る。Ⓖの紙の上にⒽを貼り、その上にⒾの紙を*型のパンチで抜いたものを貼りオレンジを作る。

❸ リンゴを作り盛る

ⒺとⒻを貼り合わせ、ティアドロップから三日月の形になるようにもう1回つまむ。Ⓙの紙をすべてつなげてタイトサークルにし、皿を作る。皿の上にそれぞれのパーツを配置して貼る。

🌸 いちごとオレンジ

材料
◎用紙
(いちご)
Ⓐ3mm×15cm・・・3本(赤)
(オレンジ)
Ⓑ3mm×45cm・・・2本(オレンジ)
Ⓒ3mm×45cm・・・1本(オレンジ)
Ⓓオレンジの大きさの円・・・1枚(やまぶき色)
Ⓔ直径7mmの円・・・1枚(黄)
Ⓕ葉の形にカット・・・1枚(緑)
Ⓖ3mmの紙を折り、形にカット
Ⓗ直径28mmの円・・・1枚(白)
Ⓘ1cm×1cm・・・1枚(薄黄色)

❶ いちごを作る

Ⓐの紙でタイトサークルを作り、ピックを使ってとがらせたグレープロール（タイトサークルを作ってから、指で中央を押してドーム型にする）を作る。3つ作る。

❷ オレンジを1個作る

Ⓑの紙で半球の形にグレープロールを2つ作り、丸くなるよう貼り合わせる。その上に葉の形に切ったⒻをのせる。

❸ オレンジの半分を作る

Ⓒの紙で半球の形のグレープロールを作り、ⒹとⒺ、さらにⒾの紙を*型のパンチで抜いたものをその上に重ねて貼る。

JPAだから使いやすくアレンジ！
ガーベラの *Flower Pen*
フラワーペン

Part.5 世界に一つのインテリア&ステーショナリー

🌸 ガーベラを作る

型紙：P.88 Ⓐ 3-3 ×2 Ⓑ 3-4 Ⓒ 3-5

材料
※ガーベラ1個分
◎用紙
Ⓐ型紙3-3･･･2枚
Ⓑ型紙3-4･･･1枚
Ⓒ型紙3-5･･･1枚
◎直径1cmのパール･･･1個

❶ 花びらを縦半分に切る

Ⓐ、Ⓑ．Ⓒの紙すべての花びらを縦半分に切る。

❷ 花びらを折り上げカーブさせる

Ⓐ、Ⓑ．Ⓒすべての花びらを折り上げてから、丸箸などで外側にカーブをつける（P.9「外巻き」参照）。

❸ 4枚を貼り合わせる

大きい花びらから順にずらして貼り合わせる。中心にパールを糊付けする。

🌸 その他のお花を作る

型紙：P.88 Ⓐ 1-3 ×2 Ⓑ 1-4 ×2

材料
◎用紙
Ⓐ型紙1-3･･･2枚
Ⓑ型紙1-4･･･2枚
◎直径5ミリのパール･･･1個

❶ 花びらを折ってカーブさせる

Ⓐ、Ⓑの紙すべて、花びらを折り上げてから丸箸などで外側にカーブさせる。

❷ 4枚を貼り合わせる

Ⓐ、Ⓑのお花をそれぞれずらして貼り合わせる。

❸ 形を整える

2組を貼り合わせ、軽くギュッとして形を整える。最後にパールを貼る。

🌸 フラワーペンを完成させる

型紙：P.90 Ⓐ 10-1 10-2 10-3

材料
◎用紙
Ⓐ型紙10-1、10-2、10-3
　　　･･･各1枚（緑）
◎リボンを巻いたボールペン
　　　･･･1本
◎ガーベラ（ピンク）･･･1個
◎ガーベラ（ブルー）･･･3個
◎その他のお花（薄ピンク）
　　　･･･1個
※その他のお花（水色）
　　　･･･2個

❶ ペンにお花を飾り付けする

Ⓐの紙を半分に折ってから外巻きにする。バランスを見ながらペンにグルーガンでお花や葉を貼り付ける。

❷ 完成

全体のバランスを見て最後に葉の数を調整して完成。

丸箸をデコレーション

お花の切り紙の道具をガーベラのフラワーペンのようにデコレーションしてみた。薄い紙で作ったお花は軽いので、重さもそれほど感じない。友だちと一緒にお花作りを楽しむときなど、こんな道具があれば、話の種になるだろう。作り方は、ガーベラのフラワーペンと同じだが、ガーベラが1つ、その他のお花が2つになっている。

小さなワンポイントで自分ブランドに仕上げる

ペーパークラフトで
One Point
ワンポイント

1

2

3

4

5

6

7

8

9

10

11

12

Part.5 世界に一つのインテリア＆ステーショナリー

🍀 BABYキャラクターを作る

型紙：P.94 Ⓐ 33　P.90 Ⓑ 16　P.93 Ⓒ 30 ×2　26
P.93 Ⓔ 28　P.90 Ⓕ 12 ×2　P.93 Ⓖ 30 ×2

材料
※BABYキャラクター1人分（縮小率は❶参照）。
◎用紙
Ⓐ型紙33…1枚（バニラ）
Ⓑ型紙16…1枚（茶）
Ⓒ型紙30…2枚（バニラ）
Ⓓ型紙26…1枚（バニラ）
Ⓔ型紙28…1枚（ピンク）
Ⓕ型紙12…2枚（ピンク）
Ⓖ型紙30…2枚（ピンク）
◎穴あけパンチ…2枚(黒)2枚(バニラ)

❶ 型紙をコピーする

ⒶⒷⒸは100%、Ⓓは10%、ⒺⒻは20%でコピーする。適宜好みの大きさにするとかわいい。

❷ 各ペーパーをカットする

それぞれの大きさに合わせてペーパーをカットする。

❸ 目を作る

穴あけパンチで黒目をカットする。白の色鉛筆で円を二つ書き込む。

❹ 髪を貼り重ねる

丸い円にⒷを重ね合わせ、糊で貼り付ける。

❺ 耳をつける

好きな位置に耳を貼り付ける。

❻ 目をつけ、口を描く

各パーツを合わせて、赤鉛筆で口を描く。

❼ 手をカットする

Ⓐの手の部分だけを使う。

❽ 手を作る

花びらのふくらみのあるほうに掌だけが見えるように貼り付ける。

❾ 全体を貼り合わせて完成

バランスを見ながら貼り合わせていく。

参考作品

星座をイメージさせる服装などで案内板など作っても華やぐ。

🍀 動物のキャラに挑戦

型紙：P.94 Ⓐ 33　P.88 Ⓑ 3-5　P.93 Ⓒ 30 ×3　Ⓓ 29-2　Ⓔ 28

材料
◎用紙
Ⓐ型紙33…1枚（バニラ）
Ⓑ型紙3-5…1枚（バニラ）
Ⓒ型紙30…3枚（バニラ）
Ⓓ型紙29-2…1枚（バニラ）
Ⓔ型紙28…1枚（バニラ）
◎色鉛筆

❶ 型紙をコピーする

ⒶⒷⒸは100%、Ⓓは20%、Ⓔは10%でコピーする。

❷ 各ペーパーをカットする

それぞれの大きさに合わせてカットする。

❸ 耳を重ねて色を塗る

バランスよく耳を重ねて貼り、好みの色を塗る。

❹ 全体をバランスよく貼る

いきなり糊付けせずにバランスを見て貼り付ける。

❺ 完成

ペーパーなのでお花の切り紙とも相性が良い。

参考作品

母子手帳・年金手帳などの表紙にするとオリジナル感があり愛着がわく。

型紙 ご使用方法はP.8「紙に型紙を写して切る」をご参照ください。

型紙

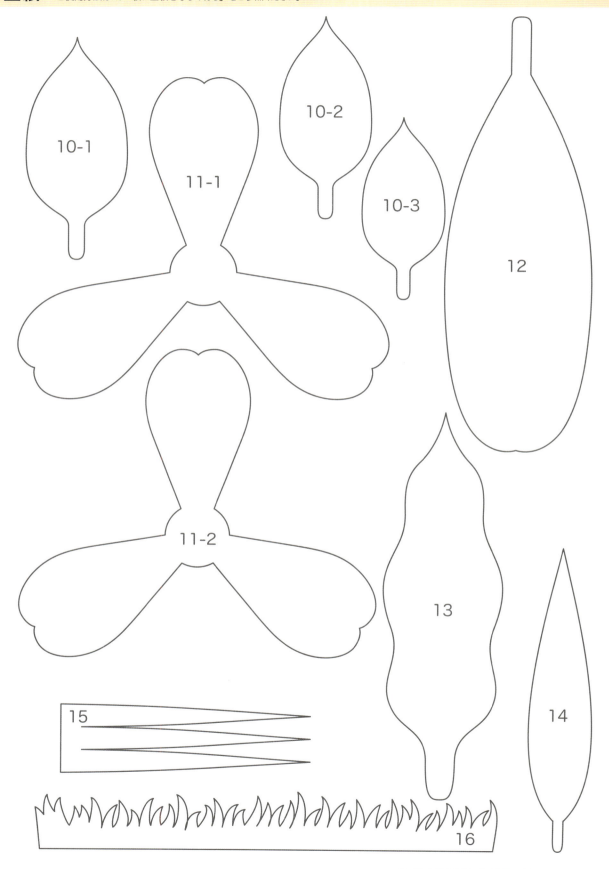

型紙

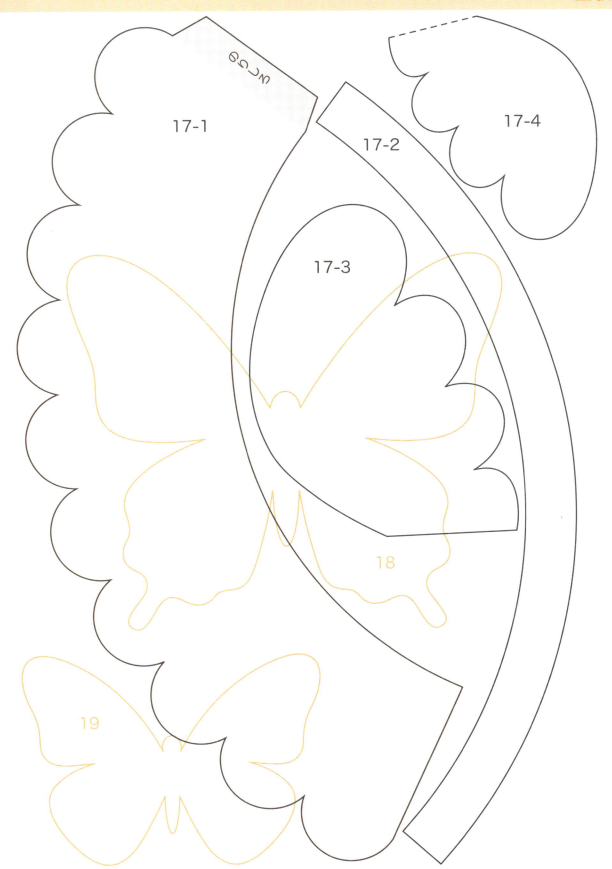

型紙

ご使用方法はP.8「紙に型紙を写して切る」をご参照ください。

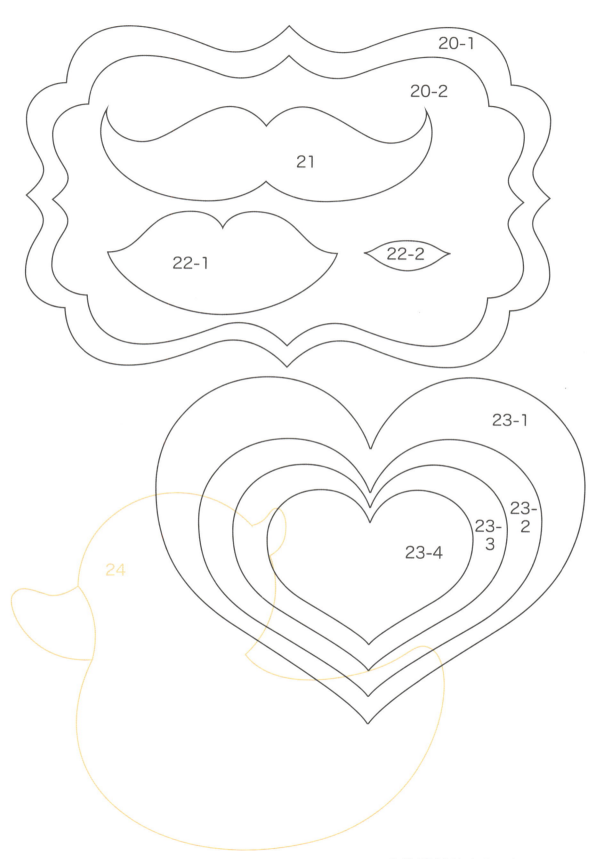

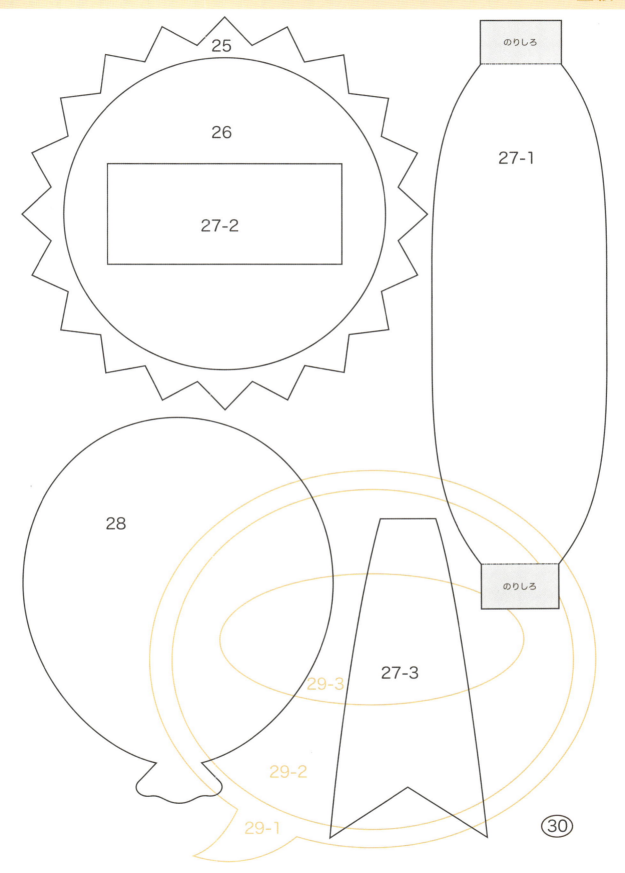

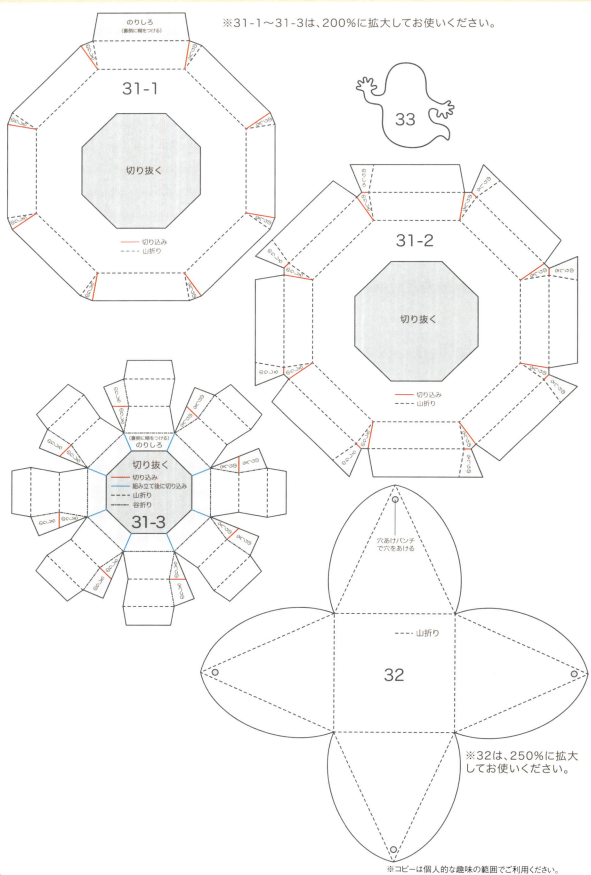

おわりに

　おとなかわいいお花の切り紙シリーズ本、スタイルブックに続くアイデアブックはいかがでしたか？
　今回はシーズンや行事にこだわらず家庭でのちょっとしたワンシーンにまた日常使いしていただけるようにとたくさんの作品を掲載させていただきました。
　メディアや専門誌などにも多く登場している本部講師を筆頭に協会認定講師として第一線で注目を浴びている先生方の作品もたくさん掲載しています。お買い求めいただいた皆様方の笑顔のヒントとして実際に作品を作っていただけるとうれしいです。

　日本ペーパーアート協会は「未来の子供たちが自信に満ち溢れ笑顔いっぱいで過ごすヒントをお届けする組織」として社会貢献に、また講師認定されてから活躍できるまでのアフターフォローなど多岐にわたりカリキュラム化しております。講師認定講座を開催しておりますクラフトワークセラピスト・ペーパーデコレーションシニアマスター講師にお声かけいただきぜひご一緒にお楽しみください。

　また、本書が第2弾として1冊目の発刊から半年経たずしてお話しをいただけたのは読者の皆様方のあたたかいお気持ちや応援のおかげだと感謝しております。本当にありがとうございました。

　最後になりますが、2冊目の出版を実現していただけたのは笑顔のヒントをもっと多くの方に届けられるようにとご尽力いただきましたケイズパートナーズの山田稔社長をはじめ、作品の温度を表現していただいた（株）フォトスタイリングジャパンフォトスタイリスト窪田千紘様、フォトグラファー南都礼子様、事務局長原田容子様、また、協会の成長に変わらぬご指導ご鞭撻をくださっている前田出師匠、高原真由美様をはじめ多くの方々のおかげです。皆様には心より感謝お礼を申し上げます。

一般社団法人日本ペーパーアート協会®
代表理事　くりはらまみ

本書掲載にご協力いただいた皆様

◆撮影協力◆
モデル：竹井かよこ／BABY・ARISA・RIO・AOI・林様水野様御両家様・御参列の皆様
カメラマン：秋山 陽子　大西 渉　高橋 尚浩
会場提供：ANTICA ROMA　株式会社ラポール・ジャパン　rweddinGs
◆制作協力◆
クイリング指導者養成講座（監修・指導講師）ペーパーアート作家：こじゃる
スタンプアート指導者養成講座（監修・指導講師）クラフト作家：江畑みゆき
カラーコンサルタント：神守けいこ
≪一般社団法人日本ペーパーアート協会認定講師≫
穐山 理恵　岡村 由佳　沖津 香奈子　小田村 晶子　かんべ ゆみ　佐久間 公香　下枝 菜穂子
住田 かおり　立川 京子　土居 あきよ　西尾 美穂　堀井 みそぎ　松尾 亜矢子　水野 ますみ
山﨑 博美　吉岡 綾子

監修プロフィール

一般社団法人 日本ペーパーアート協会®
代表理事：くりはらまみ

「もっと楽しく、そして元気に」を理念に掲げ、ペーパーアートを通じて温かい手作りの癒しの力・脳活性化力UP・笑顔になるヒントをお届けする講座を行っている。
講座内容は「ペーパーアート講師認定講座」「ペーパーデコレーション講師認定講座」「クラフトワークセラピスト®認定講座」を主軸として、技術とメンタル面から指導サポートをし、起業から教育・介護・医療現場で活躍できる講師を育成している。
特に、起業を目指しているハンドメイド作家さんには資格取得後、専門的な起業継続支援を含め、初心者でも安心でさまざまなバックアップ・フォロー体制で多方面に活躍できる講師を数多く送り出している。
・ホームページ　http://paper-art.jp

STAFF

撮影	南都礼子（株式会社フォトスタイリングジャパン）
スタイリング	窪田千紘（株式会社フォトスタイリングジャパン）
制作	くりはらまみ　前田京子　友近由紀
制作協力	原田容子（株式会社フォトスタイリングジャパン） 一般社団法人 日本ペーパーアート協会®認定講師
材料提供	アトリエハートフル　http://paper-art.jp Little Angel　http://www.little-angel.jp/ 印鑑はんこSHOPハンコズ　http://www.rakuten.ne.jp/gold/hankos/
カバーデザイン	ME&MIRACO CO.,Ltd
誌面デザイン	宮下晴樹（有限会社ケイズプロダクション）
編集・構成	山田稔（有限会社ケイズプロダクション）

＊読者のみなさまへ
本書の内容に関するお問い合わせは、お手紙かメール（info@TG-NET.co.jp）にて承ります。恐縮ですが、電話でのお問い合わせはご遠慮ください。

おとなかわいい お花の切り紙アイデアブック

平成27年11月20日　初版第1刷発行
平成29年10月20日　初版第4刷発行
監修者　一般社団法人　日本ペーパーアート協会®
発行人　穂谷竹俊
発行所　株式会社日東書院本社

〒160-0022　東京都新宿区新宿2丁目15番14号　辰巳ビル
TEL：03-5360-7522（代表）
FAX：03-5360-8951（販売部）
URL：http://www.TG-NET.co.jp/

印刷所　三共グラフィック株式会社
製本所　株式会社セイコーバインダリー

本書の無断複写複製（コピー）は、著作権法上での例外を除き、著作者、出版社の権利侵害となります。乱丁・落丁はお取替えいたします。小社販売部までご連絡ください。
©Japan Paperart Association 2015.Printed in japan
ISBN978-4-528-02067-2　C2077